잠 못들 정도로 재미있는 이야기

이시하라 니나 감수 | **박주홍** 감역 | **김혜숙** 옮김

BM (주)도서출판 **성안당**

이번 신종 코로나바이러스 펜데믹을 겪으면서 우리 주변에는 본인의 생활습관을 다시 점검해보려는 사람이 많았을 것이다. 왜냐하면 면역력을 키우는 습관은 독감이나 코로나19 예방에 도움이 될 뿐 아니라 당뇨병, 고혈압, 암과 같은 생활습관병 예방과도 관련이 있기 때문이다.

'면역력을 키운다'는 건 간단하게 말해서 '몸을 더 건강하게 만드는 것'이다. 건강에 좋다는 습관들이 길게 보면 면역력을 키우는 데 도움을 주지만 현대인들 중에는 건강해지기 위해 당연히 지켜야 할 이 생활습관조차 지키지 못하는 경우가 정말 너무나 많다.

코로나19 때문에 하루 종일 집에 있거나 책상에 앉아 일을 해서 몸을 좀처럼 움직이지 않는데도 삼시 세끼는 꼬박 다 챙겨먹는다. 욕조 목욕이 귀찮다며 재빨리 샤워만 하고, 밤늦게까지 컴퓨터나 스마트폰을 만지작거리다가 매일 수면 부족에 시달리기도 한다. 또 부정적으로 생각하는 경향이 생기거나 걸핏하면 패스트푸드를 찾는 등 이렇게 건강에 좋지 않은 습관의 예시는 이루 말할 수 없다.

그래서 꼭 기억했으면 하는 점이 '우리가 더 건강해질 수 있는 생활습관을 들이자'는 것이다. 세끼 모두를 배부르게 먹지 말고 80%만 먹자. 아무리 귀찮아도 반드시 욕조 목욕을 할 것, 7시간은 잘 수 있도록 하고 감사하는 마음으로 웃으며 긍정적인 생각을 한다. 또 채소를 많이 먹도록 신경쓴다. 이들은 조금만 신경을 쓰면 몸에 배일 수 있는 습관이다.

그리고 또 한 가지, 가장 중요한 점은 '장내 환경'이다. 유산균이나 비피더스균과 같은 유익균이 늘어나면 면역력도 반드시 좋아진다. 매일 된장국이나 요구르트와 같은 발효식품 한 가지는 꼭 먹는 것이 좋다.

이 책에는 면역력을 높이는 다양한 요령을 실었다. 처음부터 끝까지 실천하기 쉽고 우리 몸을 위해 당연히 지켜야 할 내용들이다. 이러한 생활을 습관화해서 면역력을 높이고 건강한 생활을 유지해 보자.

이시하라클리닉 부원장
이시하라 니나

면역력이란 무엇일까?

도대체 면역이 뭘까?

우리 주위에는 먼지나 바이러스, 세균 등 여러 가지 이물질이 있다. 이런 이물질이 우리 몸속에 유입되면 병에 걸리거나 최악의 경우 생명이 위험할 수도 있다. 여기서 중요한 점이 외부의 적에게서 몸을 보호해 주는 면역이라는 시스템이다.

면역력이란 피부와 점막으로 이물질이 침입하지 않도록 막아주거나, 침입한 경우 백혈구가 이물질을 물리칠 수 있도록 도와주는 기능이다. 감기에 걸렸을 때 열이 나는 것도 몸이 병원체와 싸우고 있는 면역 반응의 신호이다. 이처럼 우리가 살아가는 데 반드시 필요한 면역 기능을 유지하는 힘이 면역력이다.

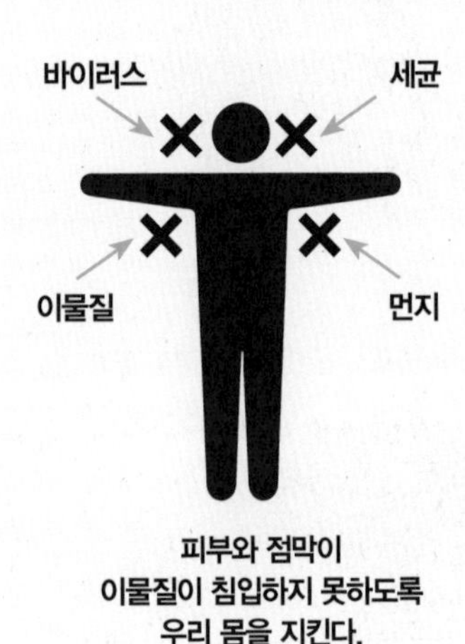

피부와 점막이
이물질이 침입하지 못하도록
우리 몸을 지킨다.

감기에 걸리면 열이 나는 것도
면역에 의한 반응이다.

면역은 2단계 방어 시스템

이물질이 우리 몸을 침입하려 할 때 몸을 보호하는 첫 번째 방어벽은 피부와 점액이다. 피부는 이물질의 침입을 물리적으로 막고 침이나 눈물과 같은 점액은 살균작용을 하여 이물질을 퇴치한다. 이물질이 이를 돌파한다 해도 백혈구가 병원균을 먹어서 치료한다. 여기까지는 모두가 선천적으로 가진 자연면역에 대한 이야기다. 그 다음은 면역세포가 항체를 만들어 병원균을 퇴치하는 획득면역이 작동한다. 이와 같이 면역은 2단계로 나뉘어져 있다.

후천적으로 얻는 획득면역

피부와 점막 · 점액으로
방어한다.

돌파하면…

백혈구가 병원체를 먹는다.

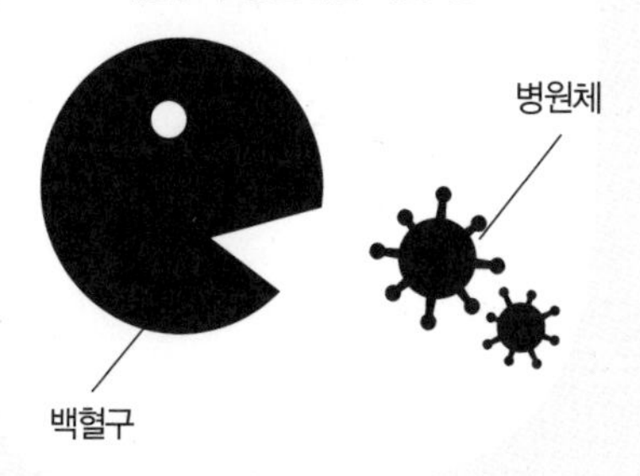

항체를 만들어
병원체를 공격한다.

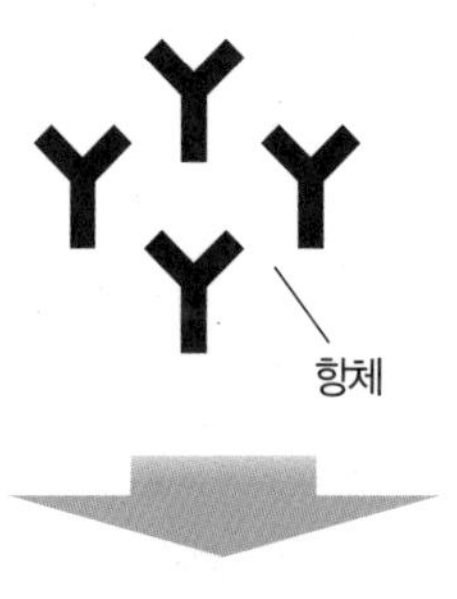

면역의 핵심은 백혈구

이물질이 피부와 점막의 장벽을 돌파했을 때 나오는 것이 백혈구가 작용하는 면역 기능이다. 여기서 이물질을 막지 못하면 몸은 병들어 버리기 때문에 백혈구는 우리 몸에서 최후의 보루나 마찬가지다. 즉, 면역에서 중심이라고 할 수 있는 중요한 부분이다.

그런데 백혈구라는 것은 아래 그림에서와 같이 혈액 성분 중 하나이지만, 백혈구에도 여러 가지 종류가 있다. 그 내용은 오른쪽 페이지에 정리했다. 크게 나누면 단핵구, 림프구, 과립구의 세 종류인데 이중 림프구의 T세포와 B세포가 획득면역에 관계하고 나머지는 모두 자연면역에 관여한다. 또 혈액 검사에서 백혈구 수치가 낮으면 면역세포가 적다는 뜻으로, 질병과 싸우는 힘이 낮은 '요주의' 상태로 진단한다.

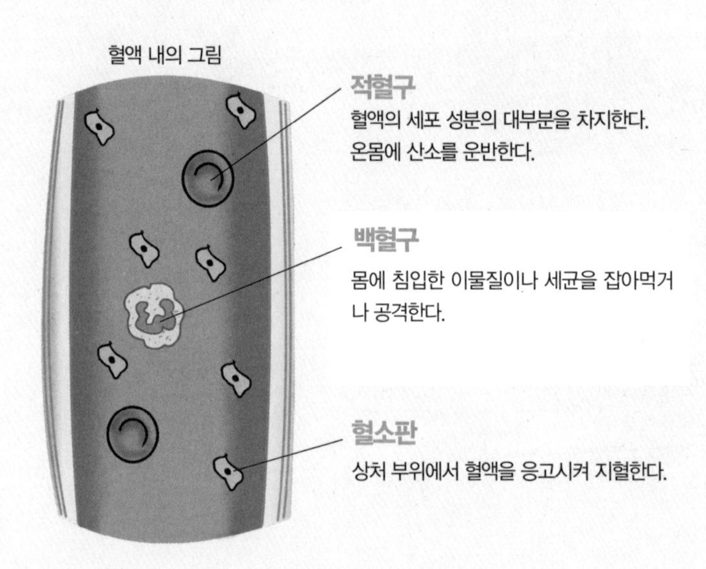

백혈구의 종류 및 기능

단핵구

백혈구 중에서 가장 큰 세포군으로 대식세포(Macrophage)와 수상세포(Dendritic cell)로 나눌 수 있다.(p.124 참조) 대식세포는 백혈구 내의 거의 모든 이물질을 잡아먹는 대식가로, 일명 '탐식세포'라고도 불린다. 수상세포는 이물질을 먹고 그 정보를 기억해서 다른 세포에 전달한다.

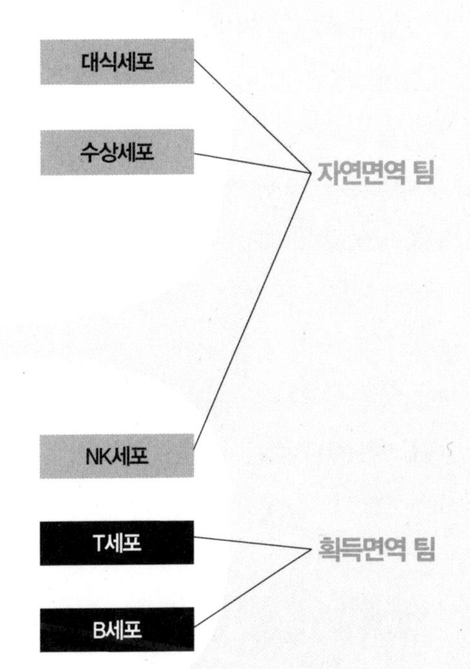

림프구

백혈구의 한 형태로 혈액과 림프관을 둘러싼 세포군이다. 바이러스에 감염된 세포나 암세포를 파괴하는 NK세포(p.125 참조)가 있고 병원체의 특성을 분석하고 활동하는 획득면역 팀의 T세포 및 B세포로 나뉜다. 한 번 걸린 질병에 걸리지 않는 것은 바로 획득면역 덕분이다.

과립구

과립(Granule)을 가진 세포군을 말하며 호중구, 호산구, 호염기구 세 가지로 분류된다. 이 중 호중구는 대식세포와 함께 자연면역의 중심 역할을 하며 감염부위에 가장 먼저 도착하여 세균이나 곰팡이를 잡아먹는다. 단 이물질을 먹고 난 뒤에는 세포의 생명이 끝나 고름으로 변한다.

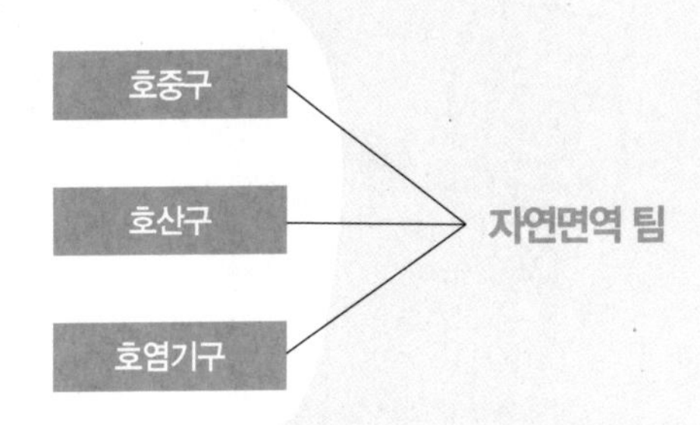

백혈구는 다른 세포와 연계하여 병원체와 싸운다

다양한 종류로 구성된 백혈구는 다른 세포와 협조하여 병원체와 싸운다.

우선, 자연면역 팀의 대식세포와 호중구가 병원체를 먹고 치료한다. 그러나 자연면역 팀끼리 통제할 수 없는 경우는 다른 세포에게 도움을 요청한다. 이때 대식세포가 병원체의 침입을 알리고, 수지상세포는 병원체의 정보를 알려준다. 이를 인지한 도움T세포(helper T cell)(p.124 참조)는 공격 명령을 내린다. B세포는 병원체에 적합한 항체를 만들어 그 항체와 킬러T세포(killer-T-cells)(p.125 참조)가 함께 병원체를 공격할 수 있도록 만든다. 그리고 병원체를 포획하면 억제T세포(suppressor T cell)(p.125 참조)의 신호와 함께 종료한다. 보충하자면, T세포는 아래의 세 종류로 나눌 수 있다(그림 참조). 또한 NK세포만 독자적으로 움직이면서 감염된 세포나 암세포 등을 파괴한다.

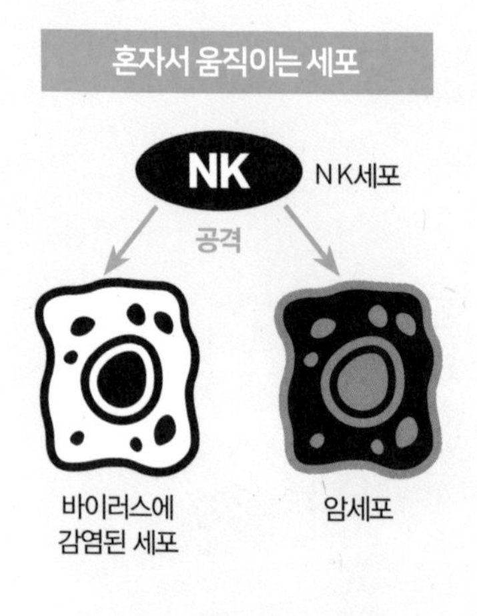

암세포나 바이러스에 감염된 세포를 파괴한다.

세 종류의 T세포

도움T세포

킬러T세포와 B세포에 공격 명령을 내린다.

킬러T세포

병원균을 직접 공격한다.

억제T세포

공격 종료 신호를 보낸다.

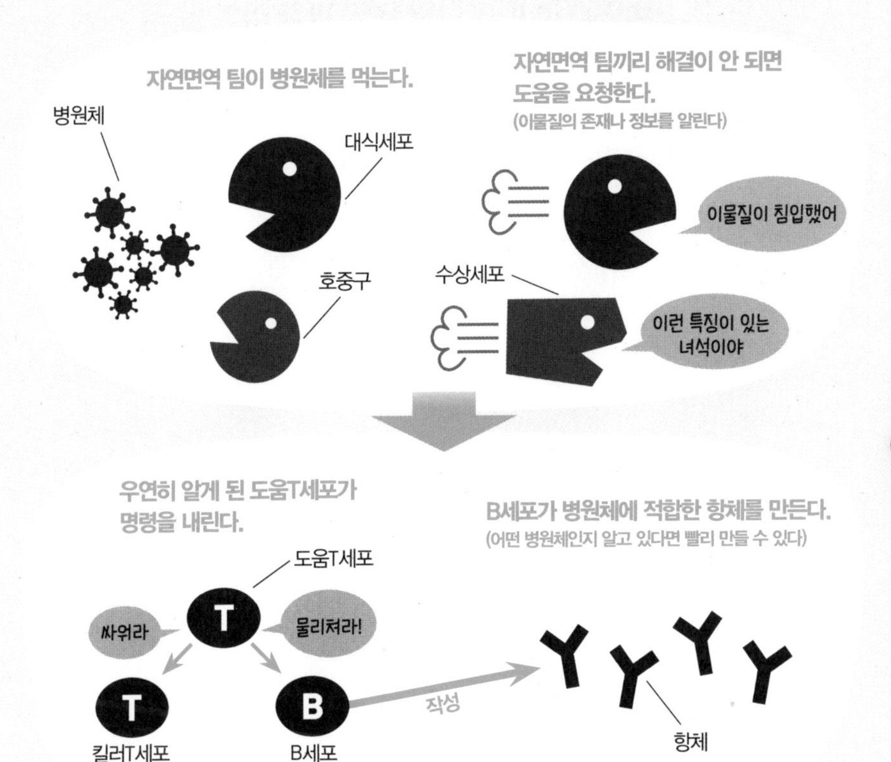

병원체를 쓰러뜨리면 억제T세포의
신호로 공격 종료

면역력이 떨어지면 어떻게 될까?

몸을 보호하는 중요한 체계인 면역은 스트레스나 노화, 나쁜 생활습관 때문에 그 힘을 발휘할 수 없을 때도 있다. 면역력이 떨어지면 병원체와 싸울 힘이 약해지기 때문에 감기를 비롯한 여러 질병에 쉽게 걸리고, 병이 잘 낫지 않는다.

생활습관병이나 알츠하이머 치매, 위궤양 등은 면역세포의 기능이 약화되면 쉽게 발병하는 질병들이다. 그 외에도 피부 면역력이 약해지면 피부가 거칠어지고 점막의 살균력이 떨어지면 염증이 생기기도 한다.

이처럼 면역력의 저하는 우리에게 여러 가지 나쁜 영향을 미치기 때문에 평소에 면역력을 높일 수 있도록 노력해야 한다. 면역력을 높일 수 있도록 식사나 생활습관을 점검하고 면역력 유지를 위해 노력하자.

그 외에도…

생활습관병
알츠하이머 치매
위궤양
암

등의 원인이 될 수도 있다.

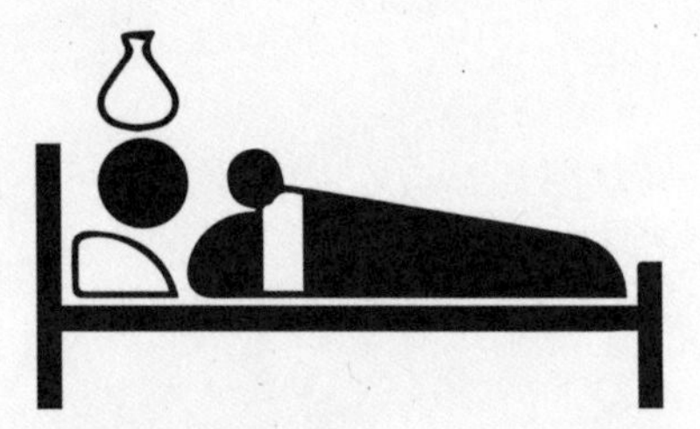

- **질병에 잘 걸린다.**
- **병이 쉽게 낫지 않는다.**
- **병에 걸린 후 상태가 심각해진다.**

면역 과잉도 악영향을 미친다

면역 기능이 떨어지는 것도 문제지만, 면역이 과한 것도 좋지 않다. 왜냐하면 정상세포들까지 손상시키기 때문이다. 예를 들어 꽃가루 알레르기와 같은 알레르기 증상은 항체가 과하게 만들어져서 발생하는 현상이다. 벌에 쏘여 쇼크 증상을 일으키는 아나필락시스도 알레르기 반응 중 하나이다. 또한 면역세포가 정보를 전달하기 위해 사이토카인이라는 물질을 분비하는데, 이것이 과도하게 발생하면 몸 곳곳에 염증이 생기고 최악의 경우 혈관이 막혀 심근경색이나 뇌경색을 일으킨다. 이런 증상을 사이토카인 폭풍이라고 한다. 많은 사람들은 이러한 면역 과잉 반응의 원인이 지나치게 깨끗한 환경 때문이라고 하지만 사실 명확한 원인은 밝혀지지 않았다.

사이토카인 폭풍

감염으로 인해 사이토카인(※)이 과다하게 분비된다.

몸 곳곳에 염증이 일어나 혈전이 생긴다.

심근경색이나 뇌경색, 다발성 장기 부전 등을 일으킬 수도 있다.

※사이토카인…다른 세포에 정보를 전달하는 물질

꽃가루 알레르기

피부 알레르기

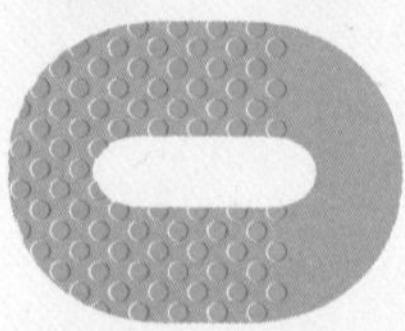

차례

CONTENTS

잠 못들 정도로 재미있는 이야기 **면역력**

제 1 장

집에서도 손쉽게!

면역력을 높이는 5가지 방법

01 방법 ❶ 느긋하게 지내기

휴식을 취하면 건강에 도움이 된다

업무든 사생활이든 일정이 꽉 차있지 않으면 불안해하는 사람이 있다. 물론 아무런 계획도 없고 뭘 하면 좋을지 고민하는 시간이 쓸데없다고 생각할 수 있다. 하지만 일은 일이고 개인적인 시간은 오히려 느긋하게 지내는 편이 좋다.

매일 반복되는 업무와 집안일에 개인적인 시간까지 꽉꽉 채워서 움직이면 마음은 뿌듯할지 몰라도 우리 몸은 쉴 시간조차 없어진다.

이렇게 되면 피곤이 쌓여서 면역력이 떨어지게 된다. 거기다 무리하게 운동까지 하면 교감신경이 지나치게 활성화된 나머지 면역세포의 기능이 떨어지게 된다. 기껏 의미 있는 일정을 소화했다고 해도 체력적으로는 전혀 도움이 되지 않는다. 중요한 것은 적당히 쉬는 것이다. 휴일을 느긋하게 보내는 게 아깝다고 생각하지 말고 토요일과 일요일이 휴일이라면 그중 하루는 맘껏 쉬면서 뒹굴뒹굴하면서 편안하게 보내자.

그리고 취미 생활이나 여행을 하며 심신을 쉬게 하는 것도 효과적이다. 여행 중에도 여기저기 많이 돌아다니지만 말고 경치를 보며 멍하니 보내는 시간을 갖는 것도 휴식에 도움이 된다.

바쁘기만 하면 면역세포의 기능도 떨어진다

· 편안하게 뒹굴뒹굴하는 시간이 나쁘다고 생각한다.

· 쉬는 날에도 일정이 빽빽하다.

· 무조건 의미 있는 일을 해야 한다고 생각한다.

휴일에도 바쁘게 지내면
마음은 뿌듯해도 몸이 쉬지 못해
면역력이 떨어진다.

면역력

낮아진다

높아진다

· 적당한 휴식을 취하는 것이 중요하다고 생각한다.

· 스케줄도 여유로울 때가 많다.

· 취미 생활이나 여행을 하며 휴식을 취한다.

적당히 여유를 즐기는 사람은 마음이 편안해지고 면역력도 높아진다.

02 방법 ❷ 공복 상태를 유지한다

삼시 세끼를 다 챙길 필요는 없다

대다수의 건강 서적이나 다이어트 책에서는 식사는 세끼 모두 제대로 챙겨 먹으라고 적혀 있는데 물론 잘못된 말은 아니다. 하지만 이 말을 너무 철저히 지키려고 배가 고프지 않은데도 단지 식사시간이라는 이유 하나로 식사를 하고 있진 않은지 생각해보자. 사실 이런 행동은 정말 몸에 좋지 않다.

면역세포인 백혈구는 배가 부른 상태에서 활발하게 움직이지 않는다. 오히려 공복일수록 움직임이 활발하다. 백혈구는 체내에 들어온 이물질을 먹어 공격하는데, 배가 부른 상태에서 혈당치가 상승하면 그 능력은 평상시의 절반으로 떨어진다. 이는 결국 면역력 저하로 이어진다.

그리고 아침과 점심시간이 정해져 있는 경우가 많을 것이다. 그럴 때는 먹는 양을 조절하여 과식하지 않도록 조심하자. 시간을 지키는 것보다 자신의 몸 상태를 제대로 아는 것이 중요하다.

예를 들어 동물들은 평소에 배가 고프지 않으면 먹이를 먹지 않는다. 또한 아플 때도 가만히 있으면서 아무것도 먹지 않는데 이는 공복 상태로 자연 치유력을 생성하여 면역력을 높이려는 행동이다.

인간도 동물처럼 배가 고플 때 먹는 것이 가장 좋으며, 고프지 않을 때는 억지로 먹을 필요가 없다.

배가 고프지 않아도 밥을 챙겨 먹는 것은 좋지 않다

식사 시간을 정하는 것이
반드시 좋은 것은 아니다

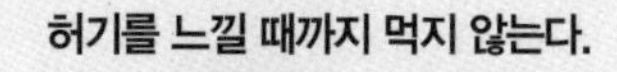

허기를 느낄 때까지 먹지 않는다.

건강한 식생활을 하려면 배가 고플 때까지 먹지 않는 것도 중요하다.

동물은 아프면 먹이를 먹지 않는다

동물은 아플 때 아무것도 먹지 않는다. 이는 공복을 유지해서 자연 치유력을 만들어내려고 하기 때문이다.

03 방법 ③ 40℃의 물에 10분간 몸을 담근다

목욕과 샤워의 효과를 구분하는 것도 좋다

면역력을 높이기 위해서는 몸을 따뜻하게 만드는 것이 중요하다. 이를 위해 건강한 식사 그리고 스트레스를 받지 않도록 노력하고 몸이 차가워지지 않도록 주의하자. 몸을 따뜻하게 만드는 간단한 방법으로는 욕조에 몸을 담그는 것이다. 뜨거운 물에 목까지 담그고 천천히 몸을 데우는 것이 보기에는 몸에 좋을 것 같지만, 온도에 따라 역효과가 날 수 있다.

42℃ 이상의 뜨거운 물에 목까지 담그면 심장과 혈관에 부담이 된다. 그리고 고혈압인 사람은 혈압이 상승해서 심근경색과 같은 혈관 질환을 일으킬 수 있기 때문에 위험하다.

몸에 좋은 목욕법은 자신의 몸 상태를 파악하고 뜨거운 물과 미지근한 물을 구분하여 사용하는 것이다. 40℃의 물에 10분 정도 몸을 담그는 것이 적당하다. 여름에는 바쁘더라도 하루 한 번은 욕조에 들어가도록 하자.

하루 중에서 주기를 설정한다면, 아침에는 따뜻한 물로 샤워를 하고 그 때 느낀 자극을 기억해두자. 그리고 밤에는 미지근한 물에 몸을 담가서 긴장을 푸는 것이 효과적이다.

시간을 들여 목욕을 할 수 있다면 몸에 열이 천천히 전달되는 반신욕이 가장 좋다. 도저히 시간이 나지 않는다면 혈액 순환이 잘 안 되는 손과 발끝만이라도 따뜻한 물에 담그도록 하자. 온열 효과를 높여주는 생강이나 소금을 욕조에 푸는 것도 추천한다.

자신의 몸 상태에 따라 물 온도와 방법을 적용하자

① 뜨거운 물에 목까지 담그면 심장과 혈관에 부담이 된다.

② 40℃ 정도의 물에 10분 정도 느긋하게 있을 거라면 반신욕이 좋다.

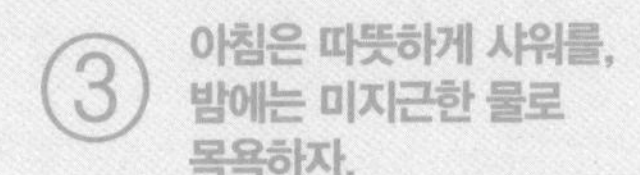

③ 아침은 따뜻하게 샤워를, 밤에는 미지근한 물로 목욕하자.

온열 효과를 높이는 생강 목욕과 소금 목욕

· 강판에 간 생강을 100~300g 물에 넣는다.
천천히 몸을 데우고 마지막은 샤워로 몸을 씻어낸다.

· 소금은 자연산을 500g 정도 넣는다.
마무리로 몸을 씻지 않아도 된다.

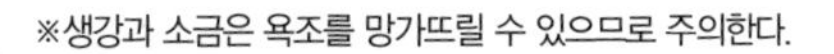

※생강과 소금은 욕조를 망가뜨릴 수 있으므로 주의한다.

04 방법 ④ 7시간은 자도록 하자

수면으로 면역세포를 활성화한다

사람에 따라 수면 시간은 다르다. 매일 8시간 이상 자지 않으면 수면이 부족한 사람도 있고, 3~4시간이면 충분한 사람도 있다. 그러나 면역학적으로 따져봤을 때 수면 시간이 적으면 문제가 발생한다. 미국 샌프란시스코 캘리포니아대학교의 연구에 따르면 수면 시간이 6시간 미만인 사람은 7시간 이상인 사람에 비해 감기에 걸릴 확률이 4.2배나 높다고 한다. 왜냐하면 수면 시간이 짧을 경우 자율신경이 흐트러져서 면역 기능에 나쁜 영향을 미치기 때문이다.

매일 취침과 기상 시간을 지키는 생활 패턴은 중요하다. 그러나 그 패턴이 만성적인 수면 부족으로 이어지면 역효과를 부른다. 매일 최소 4시간 반, 가능하면 7시간 이상의 수면 시간을 확보하자. 단 휴일에 한꺼번에 몰아서 자는 방법은 지양해야 한다. 수면 시간이 너무 길어도 자율신경이 무너져 면역력을 떨어뜨린다.

또 가능한 한 자정 전에 잠들도록 노력하자. 성장 호르몬은 잠을 자는 동안에 상처받은 세포를 회복시켜 면역력을 높여주고, 피부와 머리카락을 재생시키는 기능도 한다. 성장 호르몬이 가장 많이 분비되는 시간은 밤 10시부터 새벽 2시 사이이다.

생활 패턴도 중요하지만 수면 시간은 확보한다

가능하면 7시간 수면을 취한다

성장 호르몬은 밤 10시부터 새벽 2시 사이의 수면 중에 가장 많이 분비된다. 그 시간에 잠들면 상처받은 세포가 회복하여 면역력이 좋아지고, 피부와 머리카락을 재생시켜 준다.

수면 시간이 부족하면 감기에 쉽게 걸린다

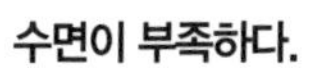

수면이 부족하다.

자율신경이 흐트러진다.

면역 기능에 악영향을 미친다.

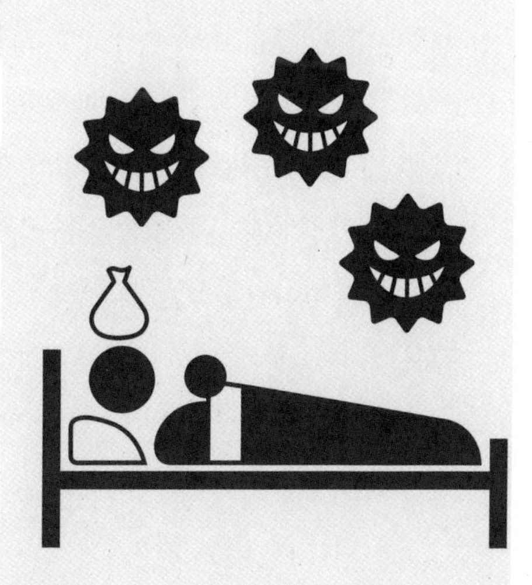

05 방법 ⑤ 생강홍차를 마신다

생강은 혈액 순환을 도와 몸을 따뜻하게 한다

생강이 몸에 좋다는 말을 들어본 적이 있을 텐데 이는 근거 없는 말이 아니다. 왜냐하면 생강이 실제로 면역력을 키우는 데 도움이 되는 식품이기 때문이다. 생강에 포함된 매운 성분인 진저롤은 말초혈관을 확장시켜 혈액 순환을 좋게 만든다. 그러면 기초대사량이 올라가서 체온이 상승한다.

이런 건강식품인 생강을 효과적으로 섭취하기 위한 추천 방법은 따뜻한 생강홍차이다. 만드는 방법은 간단하다. 먼저 컵에 따뜻한 홍차를 넣고(티백도 괜찮다.) 여기에 강판에 간 생강 또는 생강즙을 1~2작은술을 더한다. 마지막으로 흑설탕이나 꿀을 넣고 저으면 된다. 생강을 가는 작업이 귀찮다고 대충 하면 다소 효과가 떨어질 수 있겠지만, 정 귀찮으면 튜브에 든 간 생강을 사서 사용해도 된다.

한번 차를 마셔보면 바로 몸 안쪽부터 따뜻해지는 효과를 느낄 수 있을 것이다. 보온병에 넣어 수시로 마시는 것도 좋지만, 특히 효과적인 시간은 아침식사 전후, 점심과 저녁식사 전 그리고 목욕을 하기 전이다. 이런 점을 염두에 두고 일상 속에서 생강홍차로 수분을 섭취하도록 해보자.

생강홍차를 만드는 방법과 효능

생강홍차의 효능

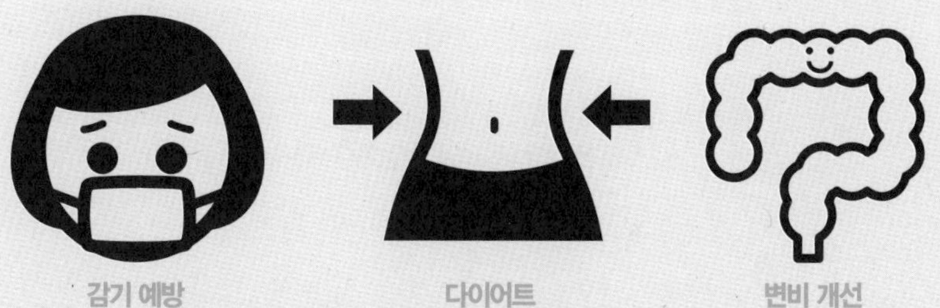

생강홍차에는 몸을 따뜻하게 하는 작용과 이뇨 작용이 있다. 이 두 가지 작용으로 수분을 더 해주면서 다양한 노폐물이 원활하게 배출되는 해독 효과를 얻을 수 있다. 혈액 순환을 촉진 시키기 때문에 비만과 두통, 어깨 결림이나 변비도 예방할 수 있다.

1장 | 체크 포인트

16~17 Page
개인 시간에는 휴식을 취하자!
편안하게 몸과 마음에 휴식을 선물하자.

18~19 Page
배가 고프면 먹는다!
몸이 보내는 소리에 귀를 기울이고 건강한 생활을 유지하자.

20~21 Page
미지근한 물에서 마음 편하게 목욕하자!
몸에 좋은 목욕법

22~23 Page
수면 부족이나 몰아서 자는 건 금지!
면역력을 높이려면 7시간 이상 자자.

24~25 Page
방법도 쉽고 몸에도 좋다!
생강홍차를 마시고 더 건강해지자.

제 2 장

면역력을 키우는 식사법

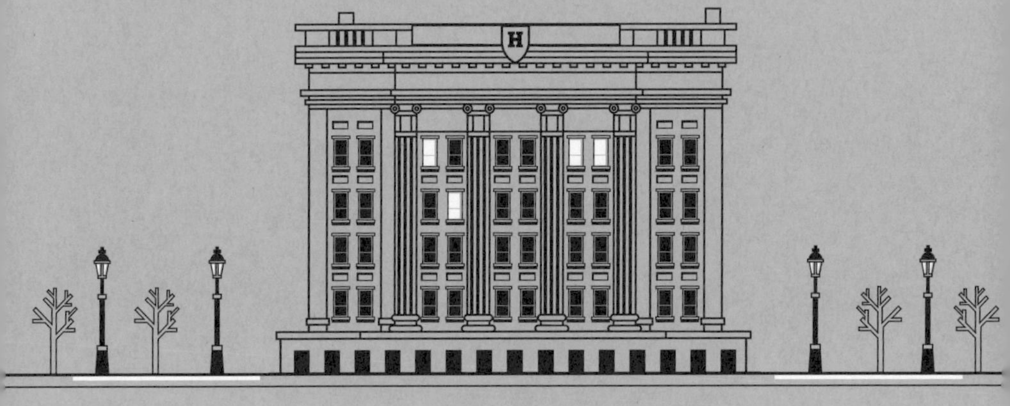

06 몸이 차가워지면 면역력도 떨어진다

여름엔 체온이 떨어지지 않도록 더욱 주의하자

인간이 건강한 생활을 유지하기 위해서는 체온이 매우 중요하다. 우리 몸은 온도가 36.5~37℃ 사이일 때 가장 원활하게 움직이는데 예를 들어 체온이 1℃ 떨어지면 면역력은 30% 떨어지고, 기초대사량도 12% 저하될 뿐 아니라 암세포도 번식하기 쉽다. 일상생활에서 식사나 스트레스와 같이 몸을 차갑게 만드는 원인을 찾아보고 체온 유지를 위해 노력하는 것이 중요하다.

특히 여름에는 더욱 주의해야 한다. 더운 계절이다 보니 몸이 차가워지는 것을 대수롭지 않게 여기는데, 오히려 더 위험하다. 먼저 더위와 수분 보충을 위해 차가운 음료를 입에 달고 살면 몸이 차가워져 면역력이 떨어진다. 따라서 차갑게 얼리거나 얼음이 들어간 음식은 특히 주의해야 한다. 찬 음식이나 음료를 먹을 때는 입안에 머금었다가 먹으면 좋다. 또 수분을 지나치게 섭취하는 일도 피해야 한다. 왜냐하면 뱃속에 수분이 쌓여서 위산이 옅어지기 때문이다. 위산은 세균 등으로부터 위를 지키는 기능을 하므로 면역력을 저하시킨다.

한편 냉방으로 인해 몸이 많이 차가워지는 일도 주의해야 한다. 몸이 차가우면 체온이 떨어져서 면역력이 떨어지기 때문에, 에어컨의 찬바람을 직접 맞지 않으면서 적당히 땀이 밸 정도의 온도로 더위를 식히도록 한다.

몸이 차가워지는 위험을 감지하자

냉방으로 차가워진 실내에 있으면 외부와의 온도차가 크기 때문에 자율신경의 균형이 깨진다. 실내에서는 옷을 너무 얇게 입지 말고, 음료는 얼음 없이 마시는 등 면역력 저하를 예방해야 한다.

07 배부르게 먹으면 오히려 역효과가 일어난다

장수의 비결은 소식

일본 속담 중에 '소식하면 의사가 필요 없다.'는 말이 있다. 배부를 때까지 먹지 말고 적당히 소식하는 습관이 건강에 좋다는 의미이다. 좋아하는 음식을 원하는 만큼 먹을 수 있는 시대에 사는 요즘 사람들은 배가 꽉 찰 때까지 먹기 십상이다. 그러나 배가 부르다고 느끼는 것은 뇌의 만복중추가 혈당치 상승을 감지하여 더 이상 먹을 필요가 없다고 신호를 보내는 상태이다. 이 단계를 넘어 과식하게 되면 비만과 자율신경의 불균형을 초래하게 된다.

항상 배부르게 먹어서 혈당이 높아지면 당뇨병과 같은 생활습관병에 걸릴 위험이 커진다. 그리고 그런 상태가 되면 면역 기능이 제대로 작동하지 않아 면역력이 떨어진다.

건강하게 장수하기 위해서는 항상 소식하는 습관을 들이자. 또한 아침과 점심식사 사이는 5시간 이상 간격을 두고 잠들기 3시간 전에 저녁 식사를 끝내는 것이 면역력을 높이는 비결이다.

또한 식사를 할 때 메뉴 선택도 중요하다. 라면이나 편의점 도시락을 먹기보다는 식당에서 제대로 된 밥을 먹는 것이 건강에 좋다. 이와 함께 주의해야 할 것이 밥의 양이다. 아무리 건강한 반찬을 먹어도 밥의 양이 많으면 혈당이 급격히 상승하여 면역력이 떨어진다. 식사할 때 정식이나 백반을 선택한다면 밥은 반 공기만 먹고, 부족한 양은 샐러드와 같은 채소로 보충하는 것이 좋다.

늘 배부르게 먹으면 면역력이 떨어진다

식사시간 사이에 간격을 두자

이상적인 식생활은 배가 고픈 상태에서 먹는 것이다. 그러기 위해서라도 배가 텅 빌 수 있도록 5시간 간격을 두자. 아침과 점심식사는 조금만 먹고, 저녁식사 때는 80% 정도만 먹을 수 있도록 신경쓴다. 그리고 잠들기 3시간 전에는 저녁식사를 끝내도록 한다.

80%만 먹는다는 생각으로 식사를 한다

건강한 식사를 하려면 메뉴 선택도 중요하다. 가령 돈가스 덮밥과 메밀국수 세트, 라면과 미니 볶음밥 세트는 양이 너무 많아 당질을 과다 섭취하게 된다. 식단은 채소와 냉두부가 포함된 정식이나 백반이 이상적이다. 이때 밥의 양은 가급적 줄이도록 하자.

08 씹으면 씹을수록 면역력이 높아진다

빨리 먹으면 단점 투성이!

학교나 직장을 가기 위해 급하게 먹는 아침, 그리고 정해진 시간 내에 다 먹어야 하는 점심식사와 같이 현대인들은 상황과 상관없이 빨리 먹어야 하는 경우가 많다. 하지만 면역력 측면에서 살펴봤을 때 빨리 먹는 습관은 전혀 도움이 되지 않는다. 오히려 단점 투성이다.

왜냐하면 빨리 먹으면 제대로 씹지 않는 경우가 많은데, 이는 비만과 당뇨병에 걸릴 위험이 증가하고 면역력은 낮아지기 때문이다.

천천히 꼭꼭 씹어서 식사를 하면 위장이 활발해지고 부교감신경이 자극받아 면역력도 높아진다. 꼭꼭 씹어 먹으면 만복중추가 자극되어 적절한 타이밍에 뇌가 충만하다고 판단하여 과식을 예방할 수 있다.

그리고 음식을 씹으면 타액이 분비되는데, 타액 성분인 페록시다아제(peroxidase)는 발암물질을 억제하는 효과가 있고 항산화물질이기도 하므로 면역력을 높이고 노화도 지연시킨다.

이외에도 소화 흡수가 잘되고 충치와 잇몸 질환 예방에도 도움이 된다. 또 얼굴 근육을 활발하게 움직이면 혈류가 증가해 뇌가 활성화되기 때문에 치매 예방에도 도움이 된다.

건강을 유지하고 싶다면 밥은 꼭꼭 씹어서 천천히 먹도록 하자.

밥을 천천히 먹으면 면역력도 향상된다

꼭꼭 씹어 먹으면

· 소화 흡수 능력이 좋아진다.

· 충치와 잇몸 질환을 예방한다.

· 뇌를 자극하여 활성화한다.

· 타액이 분비되고, 그 성분이 암을 억제한다.
· 비만을 예방한다.
· 꼭꼭 씹어 먹으면 스트레스 해소에 도움이 된다.
· 턱이 튼튼해진다.

이런 장점들로 면역력 UP!

09 장내 세균이 곧 면역력이라는 진실

면역력의 70%는 장에서 만들어진다

인간의 몸에서 면역력과 관련이 가장 많은 장기는 장이다. 체내에 있는 면역세포의 70%가 장내 점막에 존재하며 몸 전체의 면역에 관여하고 있다. 그리고 그 면역세포를 활성화시키는 것이 장내 세균이다.

장내 세균에는 장의 소화, 흡수를 촉진하는 역할을 담당하는 유익균(대표적으로 유산균이 있다), 반대로 장의 기능을 떨어뜨리는 유해균, 그리고 둘 중 우세한 쪽에서 동조 작용을 하는 중간균 세 가지가 있다. 일반적으로 유익균 2 : 유해균 1 : 중간균 7의 비율이 장내 환경을 양호하게 유지하는 최고의 균형이라고 한다.

장내를 이상적인 환경으로 유지하려면 뭐니 뭐니 해도 음식이 중요하다. 우엉이나 해조류 같은 식이섬유, 쌀겨절임이나 요구르트 같은 발효식품을 많이 섭취해야 한다. 그중에서도 낫토(한국음식 중에는 청국장이 있다)는 식이섬유와 유산균이 모두 풍부하여 면역력을 높이는 강력한 아군이다.

낫토에 포함된 낫토키나아제(Nattokinase)는 혈압을 낮추고 혈류를 원활하게 만들어 면역력을 높인다. 또한 낫토키나아제는 섭취 후 4시간 정도가 지나야 활성화하고 그 기능이 10~12시간 지속된다. 때문에 수분을 섭취하지 않아서 혈액이 끈적끈적해지기 쉬운 밤에 효과를 얻기 위해서는 아침이 아닌 저녁식사 때 낫토를 먹는 편이 좋다.

장내 세균이 중요한 이유

장내 세균의 균형을 유지하는 것이 중요하다

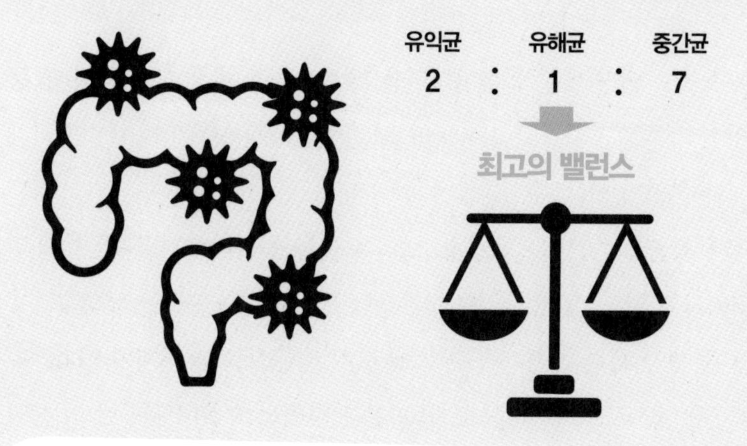

장내 세균의 균형을 무너뜨리는 요인

- 식이섬유가 부족한 식사
- 폭식
- 불규칙하고 균형 나쁜 음식
- 심한 스트레스가 계속되는 생활
- 수면 부족, 운동 부족

장내 환경을 좋게 하려면

...

장에 좋은 음식을
매일 먹는다!

10 생강이 면역력을 최고로 만든다

생강을 찌면 약효 성분이 10배로 늘어난다

생강에는 몸에 좋은 성분이 많이 들어 있다. 예로부터 동서양을 막론하고 약으로 이용하였고, 한방의학에서는 70% 이상을 약재로 사용하고 있다.

생강을 먹는 방법은 다양하지만, 효과를 높이려면 주의해야 할 점이 몇 가지 있다. 먼저 껍질을 벗기지 않고 그대로 먹도록 하자. 생강의 유효 성분인 진저롤은 껍질에 많이 함유되어 있기 때문에 벗겨 버리면 소용이 없다. 다음으로 조리를 할 때는 100℃ 이하에서 가열하도록 한다. 생강의 쇼가올[1]은 100℃가 넘으면 성분이 죽기 때문에 저온에서 조리하는 것이 중요하다. 그리고 마지막으로 갈아서 사용할 때는 갈고 나서 3분 안에 먹어야 한다. 생강의 유효 성분은 간 후 3분 이상 경과하면 효과가 줄어든다. 향료로 사용할 때도 먹기 직전에 갈아 넣도록 하자.

생강은 날것으로 먹어도 효과가 충분하지만 가열해서 말릴 경우 쇼가올이 약 10배로 증가하기 때문에 보다 더 몸을 따뜻하게 만들 수 있다. 가정에서도 손쉽게 만들어 먹을 수 있는 방법이 찐 생강이다. 생강을 얇게 잘라 오븐에서 가열한 후 건조시키면 된다. 음식이나 음료에 넣어 간편하게 활용할 수 있으므로 꼭 만들어보자.

1 **shogaol** 생강의 매운맛 성분의 하나_역자 주

생강에 함유된 유효 성분

쇼가올(shogaol)

매운맛 성분이 혈액 순환을 촉진하고 몸을 데워준다. 살균 작용도 높다.

시네올(cineol)

향기 성분이 변비를 개선하는 것 외에도 이뇨 촉진, 해독, 피로 회복 등의 작용을 한다.

진저롤(gingerol)

매운맛 성분이 혈액 순환과 간 기능을 촉진하고 항산화와 발한, 보온 등의 작용을 한다.

진저론(zingerone)

매운맛 성분이 지방 연소, 기초 대사 향상, 혈액 순환 촉진 등의 작용을 한다.

효능이 높아지는 찐 생강 만드는 방법

① 생강을 껍질째 1mm 두께로 썬다.

② 자른 생강을 펼쳐 80℃ 오븐에서 1시간 가열한다.

③ 꺼낸 생강을 햇볕에 말려 하루 동안 건조시킨다.

찐 생강을 칼로 잘게 다지거나 믹서로 분쇄하여 요리나 음료에 활용한다.

11 병원균을 물리치는 피토케미컬

피토케미컬은 식물에서 유래하는 화학 성분

피토케미컬[1]은 식물에 함유된 천연 기능성 성분이다. 채소나 과일의 껍질, 떫은맛에 많이 포함되어 있으며, 움직이지 못하는 식물이 자신의 몸을 지키는 수단으로 알려져 있다. 최근 알려진 연구 결과에 따르면 피토케미컬의 종류는 1만 종 이상이고, 우리가 평소 먹는 대다수의 채소와 과일에 포함되어 있다.

대표적인 성분으로 첫째, 초콜릿이나 녹차에 들어 있는 폴리페놀이 있다. 폴리페놀은 강한 항산화 능력을 가지고 있고, 안정 피로[2]나 생활습관병을 예방하는 효과가 있다.

둘째, 유황 화합물이다. 마늘이나 고추냉이에 들어 있는 이 물질은 혈액 순환을 촉진하여 혈액을 깨끗하게 만들어 동맥경화를 예방한다. 셋째, 표고버섯과 해조류에 함유된 당(糖) 관련 물질이다. 항산화 작용이 강해 생활습관병 예방에 도움이 된다. 넷째, 당근과 시금치에 든 카로티노이드(Carotenoid)인데 주로 면역세포를 자극, 활성화시켜서 면역력을 높인다.

이 음식들을 먹을 때 주의해야 할 점은 채소와 과일은 껍질째, 또 떫은맛을 제거하지 않고 그냥 먹는 것이다. 예를 들어 우엉을 물에 씻어 떫은맛을 없애면 우엉에 든 유효 성분이 떨어져 나간다. 그냥 먹기가 쉽지는 않겠지만, 몸에 좋은 유효 성분이므로 되도록이면 먹을 수 있도록 노력해보자.

---

1 **phytochemical(s)** 식물 속에 들어 있는 화학물질_역자 주

2 **아이 스트레인(eye strain)** 눈을 계속 쓰는 일을 할 때 눈이 느끼는 증세_역자 주

주요 피토케미컬

폴리페놀

초콜릿에 들어 있는
카카오 폴리페놀

녹차에 들어 있는
카테킨

유황 화합물

마늘에 들어 있는
알리신

브로콜리에 들어 있는
설포라판

당 관련 물질

표고버섯에 들어 있는
베타글루칸

해조류에 들어 있는
후코이단

카로티노이드

당근에 들어 있는
베타카로틴

시금치에 들어 있는
루테인

12 암을 예방하는 디자이너 푸드 피라미드

암을 예방하는 식재료를 적극적으로 섭취한다

암 예방은 많은 이들이 원하는 일이다. 일찍이 암으로 인한 사망률이 증가한 미국에서는 암과 관련한 연구가 앞서 있는데, 여러 조사를 통해 채소와 과일을 중심으로 한 식사가 암 예방에 효과가 있다고 보고했다.

이러한 연구를 바탕으로, 1992년 미국 국립암연구소는 디자이너 푸드 피라미드를 발표하고 암을 예방하는 데 효과가 있는 식품을 발표했다. 여기서 상단에 있는 식품일수록 암을 예방하는 효과가 높다고 하며, 가장 위에 마늘이 올라 있다. 마늘은 강력한 항산화 작용이 있어 활성 산소를 제거하기 때문에 적극적으로 섭취할 수 있도록 권장하는 채소이다.

상위에 꼽힌 식재료는 암뿐만 아니라 면역력을 높여 생활습관병 예방도 기대할 수 있다.

이 연구 성과가 발표된 후 미국에서는 하루 5접시 이상의 채소와 200g의 과일을 먹자는 '5A DAY 운동'이 전개됐다. 이 운동으로 미국에서는 채소 섭취량이 늘고 암에 의한 사망률도 감소했다고 한다.

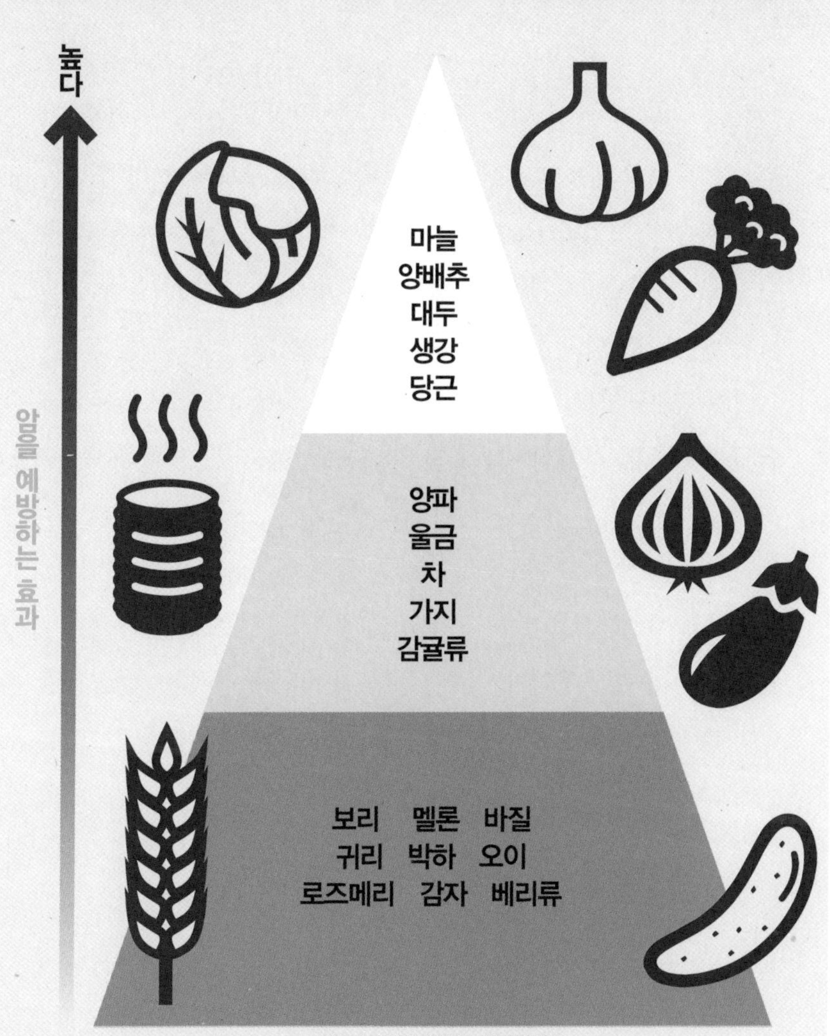

※1992년 미국 국립암연구소 발표에서 발췌

위에 소개한 식재료는 모두 쉽게 구할 수 있다. 특히 상위에 이름을 올린 마늘, 양배추, 생강은 조리법이 다양하므로 질리지 않게 다양한 방법으로 조리해서 먹는 것이 좋다.

13 매운맛, 신맛, 쓴맛 나는 음식을 먹자

싫어하는 음식에 반응하면 면역력이 상승한다

보통 자극적인 음식이라면 매운맛, 신맛, 쓴맛이 강한 음식일 것이다. 그 맛이 너무 강렬하면 먹기 힘들겠지만 적당히 자극적이면 맛있다고 느낄 수 있다. 그래서 각자 취향은 갈릴지라도 누구나 '오늘은 매운 것이 먹고 싶다'고 생각한 적이 있을 것이다.

바로 그 자극적인 맛은 몸이 개운해지고 싶다며 우리에게 보내는 신호일지도 모른다. 왜냐하면 자극적인 맛에는 몸에 좋은 디톡스 효과가 있기 때문이다.

자극적인 식재료가 몸에 들어가면 몸은 싫어하는 것이 들어왔다고 인식하고 배출하려고 한다. 신 음식을 먹으면 침이 고이거나 매운 음식을 먹으면 몸이 뜨거워지는 것이 그 증거이다. 이렇게 반사(反射)하는 증상이 일어나면 부교감신경이 활성화되면서 몸의 긴장이 풀린다. 그리고 체온이 상승하고 면역력도 향상한다.

이런 효과 외에도 쓴맛이 나는 음식은 몸의 열기를 잡아 더위를 막는 효과가 있고, 신맛이 나는 음식은 피로 해소와 식욕 증진 효과가 있다. 또한 매운 음식은 몸속 깊숙한 곳에서부터 따뜻하게 해주는 효과가 있어 냉증을 완화하는 데 도움이 된다. 그렇다고 해서 자극적인 것을 많이 먹으면 위장에 부담될 수 있으므로 주의하자.

자극적인 맛은 디톡스 효과가 있다

① 매운맛, 신맛, 쓴맛이 나는 음식을 먹는다.

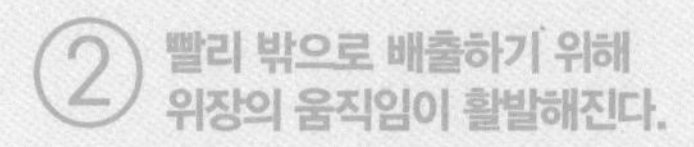

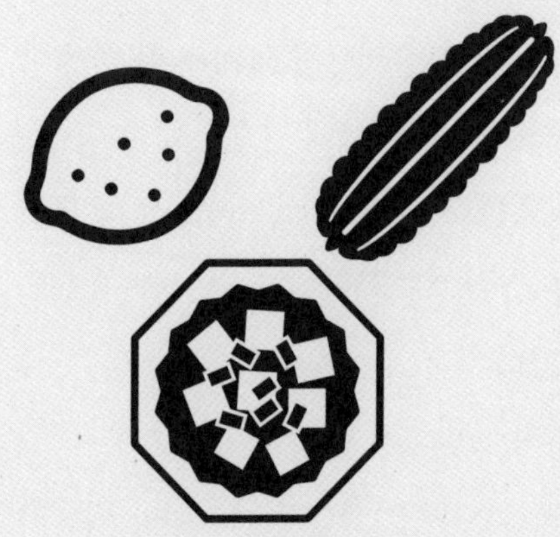

③ 부교감신경이 활성화되면서 몸의 긴장이 완화된다.

④ 긴장이 풀리면 면역력이 높아진다.

레몬이나 우메보시와 같이 신맛이 강한 음식, 사천요리와 같이 매운맛이 강한 음식, 여주와 같이 쓴맛이 나는 음식은 디톡스 효과를 기대할 수 있다. 스트레스를 느낄 때에도 진정 효과가 있기 때문에 몸에 유용하다.

14 알코올이 면역력을 떨어뜨리는 진짜 이유

스트레스 해소보다 몸에 주는 부담이 더 크다

술은 백약의 으뜸이라는 말처럼 적당히 마시는 술은 몸이 따뜻해지고 편안하게 잘 수 있도록 도와주기 때문에 건강에도 좋다.

술에 포함된 알코올은 유해한 성분이 있으므로 몸 안에 들어갔을 때 우리 몸은 소변 양을 늘려 밖으로 배출하려고 한다. 그러면 부교감신경이 활성화되면서 심신은 편안해지고 면역력이 상승한다.

또한 술에 취하면 마음이 누그러져 사람들과 원만하게 어울릴 수 있어 스트레스 해소도 기대할 수 있다. 그러나 이것은 어디까지나 적당한 양을 마셨을 때의 얘기다. 과도한 음주는 오히려 면역력을 떨어뜨려 몸에 독이 된다.

음주 후 면역력이 높아지는 때는 마시기 시작하고 나서 1~2시간 사이이다. 이 시간을 넘겨서 계속 마시면 교감신경을 자극해서 긴장 상태가 이어지고 그 때문에 오히려 면역력이 떨어진다.

또 알코올에 의해 간 기능이 저하되고 성장 호르몬의 분비도 억제되어 몸에 손상을 줄 수 있다. 그러므로 술을 마실 때는 본인의 주량을 파악하여 음주량을 지키되, 적어도 일주일에 2번 정도는 간이 쉬는 날을 만들어 몸에 부담을 덜어주자.

알코올은 신경전달물질을 교란시킨다

술을 마시면 아세트알데하이드라는 독성 물질이 발생한다. 이것은 체내의 분해 효소로 해독하는데, 이 효소의 기능이 선천적으로 약한 사람은 아무리 연습해도 술에 강해지지 않는다. 그러므로 자신의 주량을 파악하고 마시는 것이 중요하다.

15 당질을 줄여 면역력을 높인다

당질이 많은 음식은 혈당치를 높인다

건강을 위해 당질을 제한하는 사람도 많을 것이다. 우리 몸은 당질을 섭취하여 포도당이 많아지면 췌장에서 인슐린이 분비되어 혈당을 낮춘다. 하지만 당질이 너무 많아 췌장에 무리가 가면 인슐린이 정상적으로 분비되지 않고 혈당치도 제대로 조절할 수 없다. 이렇게 됐는데도 대책을 취하지 않을 경우 당뇨병으로 발전한다.

당뇨병과 같은 생활습관병이 있으면 면역 기능이 제대로 움직이지 않아 면역력을 떨어뜨린다. 이를 방지하기 위해 식사 시 당질을 줄이도록 하자.

예를 들어 당질이 많은 국수와 덮밥세트보다는 생선구이가 포함된 정식이 좋다. 물론 이때도 밥의 양은 절반으로 줄일 것을 권한다(30쪽 참조).

또한 전체적으로 당질 섭취를 줄이기 위해선 식단을 점검하는 방법도 효과적이다. 추천하는 식단은 아침만이라도 간단하게(혹은 간헐적 단식) 먹는 것이다. 아침에는 당근 · 사과 주스를 마시고, 점심식사는 유동식 개념으로 메밀국수로 가볍게 먹자. 그리고 저녁식사는 좋아하는 음식을 먹어도 괜찮다. 이때 당근 · 사과 주스는 껍질째 적당한 크기로 잘라 믹서에 넣고 취향에 따라 레몬을 짜 넣으면 된다. 아주 간편한 방법이니 꼭 시도해보자.

당질이 많은 식품은 피한다

당질이 많은 세트 메뉴보다 균형 잡힌 정식으로

한식이나 일식은 상대적으로 건강에 좋다고 하지만, 메밀국수나 덮밥과 같이 당질이 높은 메뉴는 주의해야 한다. 한식, 양식을 불문하고 고기, 생선, 채소의 균형을 생각해서 자신에게 맞는 양의 식사를 해야 한다.

아침은 건너뛰어도 효과적이다

아침 : 당근 • 사과 주스를 마신다.

점심 : 가볍게 먹는다.

저녁 : 좋아하는 음식을 먹는다.

당근 · 사과 주스는 기호에 맞춰 만들어 먹을 수 있다. 피곤할 때는 양파, 감기 기운이 있으면 무, 변비가 있으면 시금치를 넣어 먹으면 좋다. 당근 냄새를 싫어하는 사람은 사과를 넉넉하게 넣으면 된다.

16 같은 탄수화물이라도 당질이 낮은 게 좋다

조금이라도 당질이 적은 음식을 선택하자

밥이나 빵, 면류와 같이 우리가 주식이라고 부르는 음식은 탄수화물로 이루어져 있어 당질이 높다. 당질제한식은 당질이 많은 음식을 먹지 않는 것이다. 그러나 주식인 탄수화물을 먹지 않고 반찬만 먹을 경우 고식단이 되어 결국 생활습관병으로 이어지는 경우가 있다.

이상적인 영양 균형은 곡물 약 60%, 고기나 어류 10% 정도, 채소나 과일 30% 정도다. 이 비율을 의식하면서 당질을 줄이려면 같은 양이라도 당질의 비중이 적은 것을 선택하는 것이 중요하다.

예를 들어 평소 먹는 백미를 현미나 잡곡으로 바꾸면 100g당 1.4g의 당질을 줄일 수 있다. 마찬가지로 자장면보다는 메밀국수, 바게트보다는 식빵을 선택하면 같은 양이라도 섭취하는 당질은 적다. 또 주식 외에는 잎채소나 버섯, 고기, 치즈 등도 추천한다.

당질의 양이 증가해 혈당이 높아지면 면역세포의 기능은 저하된다. 그리고 고혈당 상태가 지속되면 질병에 쉽게 걸린다.

물론 비만과 당뇨병의 원인이 되기도 한다. 평소 먹는 음식이라도 당질의 양을 신경 쓰면 포만감을 느끼면서 건강한 체질로 바뀌고 면역력도 좋아진다.

같은 식재료라도 당질은 차이가 난다

백미
(100g 중 당 질량 35.6g)

현미
(100g 중 당 질량 34.2g)

자장면
(100g 중 당 질량 27.9g)

메밀국수
(100g 중 당 질량 24.0g)

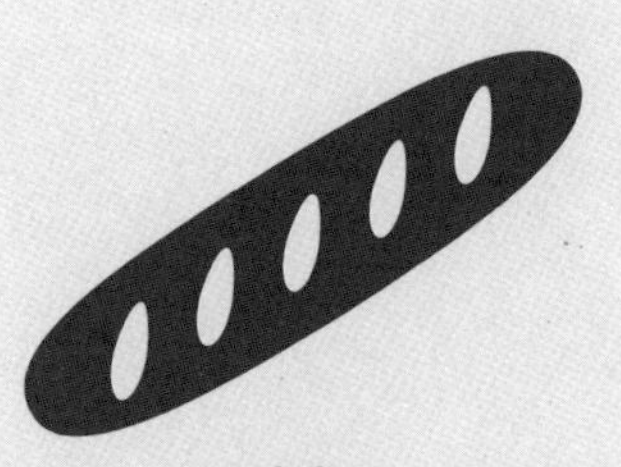

빵

바게트
(100g 중 당 질량 54.8g)

식빵
(100g 중 당 질량 44.3g)

※100g 중 당 질량은 〈2015년 일본 식품 성분표〉에서 산출

17 가장 좋은 식사는 콩, 깨, 미역, 채소, 생선, 버섯, 감자류와 함께

매끼마다 챙겨 먹어야 할 식재료

요즈음 세상에는 건강한 음식에 대한 정보가 넘쳐난다. 그렇다 보니 매끼마다 무엇을 먹으면 좋을지 좀처럼 선택하지 못하는 경우도 생긴다. 그럴 때 떠올리면 좋은 재료가 콩, 깨, 미역, 채소, 생선, 버섯, 감자류이다. 이들 음식은 건강한 식생활에 도움이 되면서 면역력도 높이는 식재료이다. 이들 식재료는 단백질, 미네랄, 비타민 등 양질의 영양소를 포함하고 있기 때문에 이 재료들로 음식을 만들어 먹으면 자연스레 건강한 식생활을 실천할 수 있다.

물론 이 중에서 한 가지를 집중적으로 먹어야 하는 것은 아니다. 그리고 반드시 하루에 전부 먹을 필요도 없다. 중요한 것은 균형을 생각하면서 두세 품목씩 먹는 것이 이상적이다. 이러한 식재료는 우리의 밥상에 자주 오르는데, 그만큼 이 식재료를 포함한 균형 잡힌 식사는 면역력을 향상시킨다. 건강한 식생활을 위해 콩, 깨, 미역, 채소, 생선, 버섯, 감자류를 골고루 섭취하자.

건강한 식생활을 위한 식재료

콩류

양질의 단백질과 미네랄이 풍부하다.

깨

단백질, 무기질, 지방질이 풍부하다.

미역 (해조류)

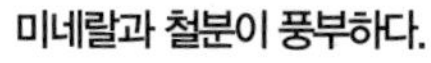

채소

1일 350g을 기준으로 먹으면 좋다.

생선

필수 지방산인 불포화지방산이 풍부하다.

표고버섯 (버섯류)

식이섬유와 미네랄, 비타민이 풍부하다.

섬유질, 당질, 비타민 C가 풍부하다.

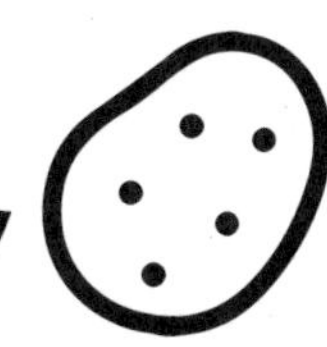

18 면역력을 높이는 간식 '베스트 5'

간식을 포기하기 힘들다면 이걸 먹자

몸을 생각한다면 식사는 세끼 제대로 챙겨서 먹되 간식은 먹지 않는 것이 좋다. 하지만 업무나 공부하는 틈틈이 또는 한숨 돌리고 싶을 때, 스트레스를 느낄 때 간식이 생각나는 법이다. 이왕 간식을 먹는다면 면역력을 높이는 간식을 먹도록 하자.

추천 간식은 염분이 들어 있지 않은 혼합 견과류이다. 아몬드와 호두는 한 알의 지방분이 50~60%로 높은 편이지만, 여기에 포함된 불포화지방산이라는 것이 나쁜 콜레스테롤을 감소시켜 생활습관병을 예방하는 효과가 있다. 또한 식물섬유와 단백질, 비타민, 미네랄과 같은 영양소가 포함되어 있기 때문에 면역력도 높아진다.

그 외에도 장내 환경을 개선하는 요구르트나 유산균 음료, 세포의 노화를 억제하는 다크 초콜릿, 부족하기 쉬운 채소를 손쉽게 섭취할 수 있는 채소 칩 등 몸에 좋은 간식도 의외로 많다. 배가 고프다고 억지로 식욕을 참지 말고 몸에 좋은 간식을 찾는 게 정신적으로도 도움이 된다. 어떤 음식이든 과식해서는 안 되지만, 허기를 채우는 정도로 먹는다면 문제없다. 현명하게 선택하여 쾌적한 간식 타임을 즐겨보자.

면역력을 높이는 간식 '베스트 5'

1위

혼합 견과류 (무염분)

아몬드와 캐슈넛 등 다양한 견과류의 영양을 한 번에 섭취할 수 있다.

2위

요구르트

유익균을 늘려 장내 환경을 개선하고 면역력을 높인다.

3위

다크 초콜릿

폴리페놀의 항산화 작용이 세포의 노화를 억제한다.

4위

유산균 음료

유산균이 장내 환경을 개선하여 면역력이 높아진다.

5위

채소 칩

부족하기 쉬운 채소를 손쉽게 섭취할 수 있고 면역력도 향상된다.

19 면역력을 높이는 술안주 '베스트 3'

튀긴 것만 먹지 말고 건강한 안주를 고르자

술안주를 떠올릴 때 치킨이나 전과 같이 고칼로리 안주가 떠오르기 마련이다. 그러나 술집의 메뉴를 살펴보고 몸에 좋은 것을 고른다면 의외로 균형 잡힌 식사를 할 수 있다.

먼저 추천하는 것은 낫토를 사용한 안주이다. 낫토 오믈렛이나 오징어 낫토 등 가게마다 본인 가게의 개성을 살리거나 먹기 쉽게 만든 안주들이 많다. 낫토는 그 자체로도 단백질이 풍부하고 낫토균은 장내 환경을 개선하는 기능도 있다. 또한 끈끈한 성분의 낫토키나아제에는 혈액 순환을 원활하게 하는 효과도 있다.

다음으로 추천하는 재료는 가다랑어포이다. 가다랑어포에는 혈액 순환을 좋게 하는 EPA가 풍부하게 들어 있어 면역력을 향상시켜 준다. 제철에는 많은 가게에서 먹을 수 있을 것이다.

마지막으로 술집의 단골 메뉴인 곱창 조림[1]도 건강에 좋다. 피로 해소에 좋은 비타민 B군 외에 면역력을 높여주는 아연도 섭취할 수 있기 때문이다.

술에 취하면 포만감을 느끼는 호르몬이 억제되고 식욕 증진 호르몬이 분비되기 때문에 자칫 과식하기 쉽다. 몸에 좋은 안주를 선택하고 술의 양을 지키며 즐기는 것이 가장 중요하다.

1 **모츠니코미** 곱창과 곤약을 단짠 소스에 졸인 것_역자 주

면역력을 높이는 술안주 '베스트 3'

1위 낫토 요리

낫토 오믈렛이나 오징어 낫토 등. 낫토키나아제에는 혈액 순환을 원활하게 하는 효과가 있다. 생강과 차조기 등을 넣으면 면역력이 더욱더 높아진다.

2위 가다랑어 타다키

혈액 순환을 개선하는 EPA를 풍부하게 함유하여 양파와 함께 먹으면 혈관이 건강해지는 것은 물론 면역력도 높아진다.

3위 곱창 조림

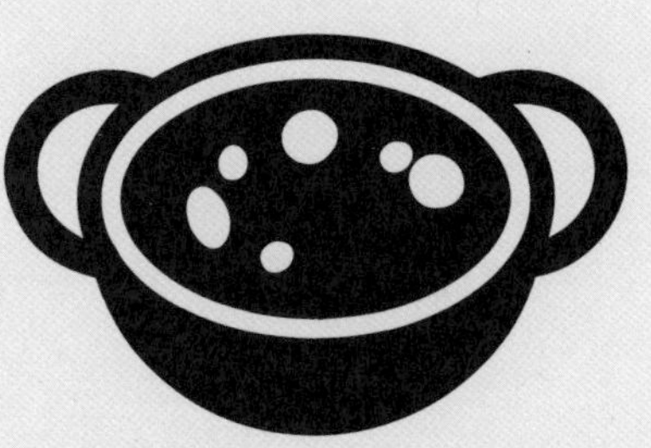

피로 해소에 좋은 비타민 B군이 풍부하게 들어 있고 면역력을 높여주는 아연도 들어 있다.

요구르트

요구르트는 식후에 먹는다

요구르트는 우유 등의 원료에 유산균과 효모를 섞어 발효시킨 식품이다. 요구르트에 들어 있는 유산균은 장내 환경을 개선시키고 이는 곧 면역력 향상으로 이어진다. 장내 환경이 개선되면 유산균 외에도 비피더스균이 들어간 요구르트가 있는데 정장효과가 높아 인기가 많다.

면역력 향상 포인트

- **유산균이 장내 환경을 개선한다.**
- **위산에 약하기 때문에 식후에 먹는 것이 좋다.**
- **올리고당과 함께 먹으면 효과적이다.**

살아있는 세균을 먹어 장내 환경을 개선하는 식품을 프로바이오틱스 식품이라고 하고, 대표적으로 요구르트가 있다.

유산균은 기본적으로 위산에 약하기 때문에 위가 음식물로 채워져 있는 식후에 먹어서 위산에 부담을 주지 않는 것이 좋다. 장내에 정착하지 않기 때문에 매일 먹어서 항상 유산균이 머물도록 한다. 또한 대장에서 비피더스균의 먹이가 되는 올리고당과 함께 섭취하는 것도 효과적이다.

누카즈케와 김치

누카즈케는 씻지 않을 것!

누카도코(쌀겨에 유산균을 첨가하여 발효시킨 것)에 채소를 재워 만드는 누카즈케(일본식 쌀겨절임)는 유산균이 풍부한 프로바이오틱스 식품이다. 마찬가지로 배추, 무, 오이 등의 채소를 소금에 절여 양념을 버무려 발효시킨 김치도 유산균을 많이 함유하고 있어 면역력 향상에 효과적인 식품이다.

면역력 향상 포인트

- **누카즈케는 유산균으로 발효시킨 식품이다.**
- **씻지 않고 쌀겨가 다소 남은 상태로 먹는다.**
- **김치는 국물까지 먹는 것이 좋다.**

유산균이 풍부하게 들어 있는 누카즈케와 김치는 장내 환경을 개선하여 면역력을 높이는 대표적인 음식이다. 누카즈케는 먹기 전에 물에 씻는 사람이 많은데, 채소에 묻어 있는 쌀겨가 바로 유산균의 근원이다. 따라서 너무 깨끗하게 씻지 말고 쌀겨가 약간 남은 상태에서 먹어야 유산균을 섭취할 수 있다. 종이타월 등으로 쌀겨를 가볍게 닦아내는 정도가 좋다.

김치도 마찬가지로 김칫국물에 유산균이 많이 들어 있다. 국물을 꽉 짜내지 말고 국물까지 먹을 것을 추천한다. 밥반찬이나 술안주로도 활용해 보자.

마늘

●● 마늘은 무조건 찧어서! ●●

마늘은 스태미너 증강효과로 많이 알려져 있다. 향을 살리기 위해 잘게 썰거나 다지고 토핑이나 요리에 풍미를 더하는 용도로 많이 사용한다. 마늘은 일반적으로 알 부분을 가리키지만, 줄기나 잎도 즐겨 먹는다. 하지만 자극적이므로 지나치게 섭취하지 않도록 주의한다.

면역력 향상 포인트

- **피토케미컬인 알리인을 함유하고 있다.**
- **자르거나 다지면 알리인이 알리신으로 변화한다.**
- **알리신은 항균 및 항암 효과와 더불어 체력 증강에도 도움이 된다.**

마늘은 피토케미컬인 알리인을 함유하고 있는데, 알리인이 알리신으로 변화하면 항균 및 항암 효과와 더불어 체력 증강에도 효과를 발휘한다. 알리인이 알리신으로 변화하는 것은 마늘을 자르거나 다지거나 강판에 갈았을 때,입자가 미세할수록 알리신으로 쉽게 바뀐다. 따라서 마늘은 가능한 한 잘게 다지는 것이 좋다.

또한 알리신은 고온으로 가열하면 단번에 증발해서 사라진다. 마늘을 가열 요리에 사용하는 경우는 약한 불로 천천히 볶아 알리신이 기름에 녹아나도록 하는 것이 중요하다.

브로콜리

브로콜리는 줄기까지 먹는다!

브로콜리는 양배추 품종을 개량하여 만든 식품이다. 부드러운 꽃봉오리 부분뿐만 아니라 줄기 부분도 영양가가 높아 식용으로 이용하고 있다. 기본적으로는 삶아 먹지만, 브로콜리의 새싹으로 무순 모양의 브로콜리 새싹은 생으로 먹는 것도 가능하다.

면역력 향상 포인트

- **피토케미컬인 설포라판을 함유하고 있다.**
- **브로콜리 새싹에는 설포라판이 6배!**
- **줄기에는 비타민 C가 듬뿍 들어 있다.**

브로콜리의 가장 큰 매력은 설포라판이라는 성분을 풍부하게 함유하고 있다는 것이다. 설포라판은 특히 항산화 작용이 강한 피토케미컬로, 해독 작용과 항암 작용이 있는 것으로 알려져 있다. 특히 설포라판은 브로콜리의 새싹인 무순에 많이 함유되어 있으며, 그 양은 무려 브로콜리의 6배나 된다.

또한 브로콜리는 비타민 C가 풍부하며 줄기 부분에 더 많다. 줄기 부분은 섬유질로 다소 딱딱하기 때문에 조리할 때는 줄기를 먼저 넣어 익히고 나중에 꽃봉오리를 넣는 게 좋다.

양배추

양배추는 날것보다 초절임으로

양배추는 샐러드, 쌈 채소, 볶음 요리 등에 쓰이는 채소이다. 피토케미컬인 설포라판과 베타카로틴을 비롯해 비타민 C가 풍부하다. 또 위 점막을 보호하는 카베진이라는 성분을 함유하고 있는데, 이것은 일본에서 유명한 위장약의 이름이기도 하다.

면역력 향상 포인트

- **설포라판과 베타카로틴이 풍부하다.**
- **독일식 식초 절임인 사워크라우트는 유산균 발효 식품이다.**
- **단순히 식초에 담근 식초 양배추도 다이어트에 효과적이다.**

양배추는 그대로 먹어도 영양이 풍부한 식품이지만 독일식 절임인 사워크라우트로 해서 먹으면 면역력을 더욱 더 높일 수 있다.

만드는 방법은 간단하다. 자른 양배추(반 통 분량)에 소금 2g을 잘 섞어서 병에 보관하면 되고, 1주일 정도 담가두면 유산균이 발효되어 새콤한 프로바이오틱스 식품으로 변한다. 식초를 사용하지 않는데도 신맛이 나기 때문에 양배추 초절임이라고도 한다.

한편 진짜 식초를 사용하여 양배추를 절인 양배추 피클도 있다. 이러한 음식은 고혈압 예방과 다이어트에 효과가 있어 주목받고 있다.

당근

당근은 껍질째 먹는다

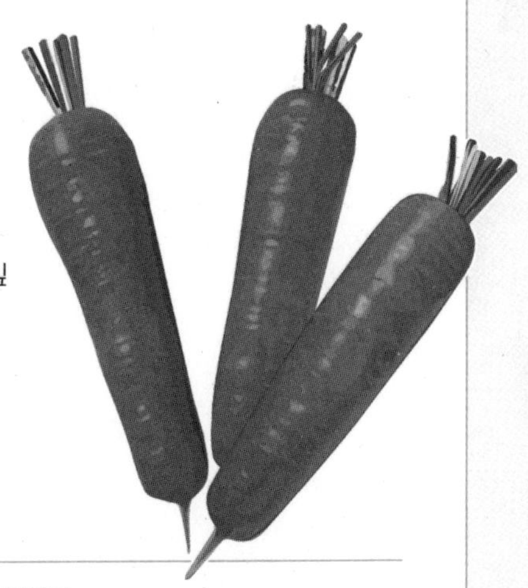

당근은 베타카로틴이 풍부하게 들어 있는 녹황색 채소이다. 베타카로틴은 항산화 작용이 있는 것 외에도 체내에서 필요에 따라 비타민 A로 변화한다. 비타민 A는 피부와 점막을 보호하는 기능이 있어 면역력에서 매우 중요하다. 특히 당근의 잎 부분에는 비타민 C가 많이 함유되어 있다.

면역력 향상 포인트

- **항산화 작용이 뛰어난 베타카로틴이 풍부하다.**
- **껍질에 피토케미컬인 안토시아닌이 다량 함유되어 있다.**
- **안토시아닌은 암이나 생활습관병을 예방한다.**

당근은 베타카로틴 외에도 폴리페놀의 일종인 안토시아닌도 풍부하게 함유하고 있다. 안토시아닌도 베타카로틴과 마찬가지로 항산화 작용이 있어 암이나 생활습관병 예방에 도움이 된다. 안토시아닌은 껍질에 많이 들어 있기 때문에 가능하면 껍질을 벗기지 않고 통째로 먹는 것이 가장 좋다. 또 베타카로틴은 기름과 함께 섭취하면 흡수가 잘된다.

기름에 볶아 먹거나 생으로 먹는 경우는 드레싱을 끼얹어 먹으면 효과적이다. 조림으로 만들 때는 일단 기름에 볶아서 졸이는 것이 좋다.

토마토

완숙 토마토와 오일은 최강의 콤비

새빨간 완숙 토마토는 맛이 달콤할 뿐 아니라 성분 면에서도 덜 익은 토마토보다 뛰어나다. 토마토에 들어 있는 피토케미컬인 리코펜 성분이 많을수록 붉은색을 띤다. 새빨갛고 적당히 부드러운 것이 완숙되었다는 증거이다. 딱딱한 토마토는 상온에서 하루 이틀 두면 먹기 좋게 숙성된다.

면역력 향상 포인트

- **피토케미컬인 리코펜이 많이 들어 있다.**
- **토마토의 붉은색은 리코펜 성분이다. 새빨간 완숙 토마토일수록 좋다.**
- **베타카로틴과 비타민 C도 많아 면역력에 최강의 식품이다.**

토마토에 들어 있는 리코펜은 항산화 작용을 가진 피토케미컬의 일종으로, 항산화 능력이 베타카로틴보다 두 배나 높다. 빨갛게 익은 리코펜이 많이 든 토마토를 먹는 게 좋다.

리코펜은 기름과 함께 섭취하면 흡수가 잘된다. 토마토 요리에는 올리브오일이 가장 잘 어울리며, 리코펜을 섭취하는 데 이 둘의 조합은 최강이다.

또 토마토에는 리코펜뿐만 아니라 피부와 점막을 보호하는 베타카로틴과 NK세포(p.125 참조)를 활성화시키는 비타민 C도 풍부하게 포함되어 있다. 그야말로 면역력 향상에 안성맞춤인 식품이다.

양파, 파

양파는 썰어서 15분 정도 그대로 둔다

양파와 파 특유의 매운맛은 피토케미컬인 알리신(Allicin) 성분 때문이다. 양파와 파에 든 알리인(Alliin)이라는 성분은 자르거나 다지면 알리신으로 변화하고, 항산화 작용과 항암 등의 효과를 발휘한다. 또 대파의 흰색 부분과 녹색 부분에 들어 있는 영양이 다른데, 흰색 부분에는 항균 효과가 있는 네기올이, 녹색 부분에는 베타카로틴과 비타민 C가 풍부하게 들어 있다.

면역력 향상 포인트

- **잘라서 세포 조직을 으깨면 피토케미컬인 알리신이 발생한다.**
- **알리신은 가열에 약하므로 잘라서 15분 정도 그대로 둔다.**
- **파의 흰색 부분에는 항균 작용을 하는 네기올 성분이 들어 있다.**

양파와 대파도 마늘과 마찬가지로 알리인에서 알리신으로 변화하는 식품이다. 알리신은 가열하면 손상되지만, 잘라서 15분 정도 두었다가 요리하면 어느 정도 방지할 수 있다. 알리신은 양파와 대파를 물에 담그면 빠져 버리기 때문에, 매운맛을 줄이려면 공기 중에 15분 정도 놓아둘 것을 추천한다.

덧붙여서 알리신은 비타민 B_1의 흡수를 돕는 기능도 있다. 비타민 B_1은 에너지 생성에 필수인 영양소이다. 그래서 비타민 B_1이 풍부한 돼지고기는 양파나 파와 함께 먹는 것이 좋다.

피망

피망은 색별로 골고루 먹는다

피망은 녹색과 빨간색, 노란색 등 다양한 색이 있는데, 품종은 모두 같다. 녹색은 성숙하기 전에 수확한 것이고 빨간색이나 노란색은 성숙해서 수확한 것이다. 색이 변하면서 영양가도 점점 높아지지만, 녹색 피망도 영양이 풍부하다.

면역력 향상 포인트

- **베타카로틴과 비타민 C가 풍부하다.**
- **피망의 색에 따라 함유량이 다르다.**
- **익숙한 녹색 피망뿐만 아니라 빨간색, 노란색 피망도 챙겨먹자.**

피망은 피토케미컬인 베타카로틴과 NK세포(p.125 참조)를 활성화시키는 비타민 C가 풍부한 채소이다. 단, 색에 따라 영양소의 양에는 차이가 있다. 빨간색 피망은 베타카로틴과 비타민 C가 많고, 노란색 피망은 알파카로틴과 비타민 C를 많이 함유하고 있다.

녹색 피망은 빨간색이나 노란색에 비해 영양가는 다소 떨어지지만 영양이 충분하며, 무엇보다 저렴한 것이 큰 장점이다. 녹색 피망을 주로 먹되 가끔 빨간색이나 노란색 피망도 챙겨먹으면 효율적으로 영양을 섭취할 수 있다. 또 베타카로틴은 지용성이므로 기름과 함께 먹으면 흡수율을 높일 수 있다.

우엉

우엉의 떫은맛은 적당히 없앤다

우엉은 아삭아삭 씹히는 독특한 식감이 매력인 뿌리채소이다. 떫은맛을 제거하지 않으면 요리했을 때 색이 검어지고 아린 맛이 난다. 하지만 이 검은 성분은 탄닌과 클로로겐산(chlorogenic acid)이라는 귀한 피토케미컬이다. 또 우엉은 수용성 식이섬유인 이눌린(inulin) 성분도 풍부하게 함유하고 있는데, 특히 껍질에 많이 들어 있다.

면역력 향상 포인트

- **항산화 작용을 하는 탄닌과 클로로겐산을 함유하고 있다.**
- **이 성분은 껍질에 많이 들어 있고, 떫은맛의 원인이다.**
- **껍질을 벗기지 않고 떫은맛도 제거하지 않는 것이 면역력에는 좋다.**

우엉은 껍질에 중요한 성분이 많이 들어 있기 때문에 껍질을 완전히 벗기지 않도록 한다. 칼등으로 표면을 가볍게 긁어내는 정도로 손질한다.

또 우엉은 떫은맛이 강하기 때문에 물에 담가서 떫은맛을 제거하는 것이 일반적이지만, 이렇게 하면 탄닌과 클로로겐산, 이눌린 등 중요한 성분도 빠져나간다. 떫은맛은 가볍게 물로 씻어내는 정도로 적당히 손질하는 게 좋다.

한편 우엉은 조리하기 전에 전자레인지로 살짝 가열(500W에 40초 정도)하면 항산화 작용이 더 강해져 면역력을 높일 수 있다.

연근

연근은 매일 먹으면 좋다

연근은 연꽃의 뿌리에 해당하는 부분으로, 탄닌과 클로로겐산이 풍부한 뿌리채소이다. 우엉과 마찬가지로 보통은 볶음이나 조림을 해서 먹지만, 그 외에도 빻아서 가루로 만들어 뿌려 먹거나 갈아서 햄버거로 만들어 먹는 등 다양한 방법으로 요리할 수 있다. 비타민 C도 풍부하다.

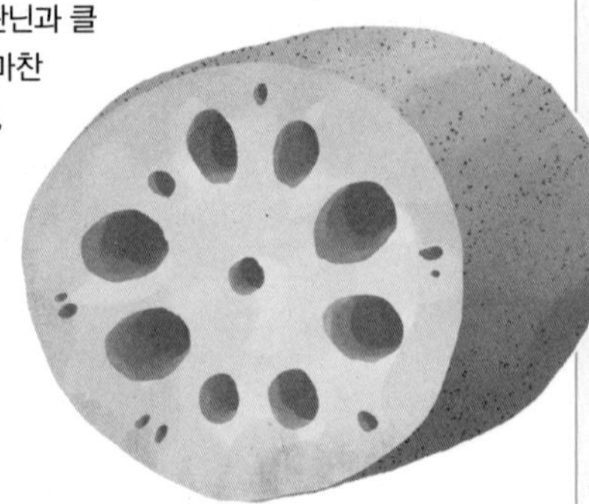

면역력 향상 포인트

- **우엉과 마찬가지로 탄닌과 클로로겐산이 풍부하다.**
- **이들 성분은 꽃가루 알레르기와 같은 알레르기 증상을 억제한다.**
- **매일 꾸준히 먹으면 체질을 개선할 수 있다.**

알레르기 증상 중 하나인 꽃가루 알레르기는 면역세포가 꽃가루에 반응하여 과도한 항체를 만드는 것이 원인이다. 연근에 들어 있는 탄닌이나 클로로겐산은 이러한 항체의 생산을 억제하여 알레르기 증상을 완화하는 효과가 있다. 하지만 바로 효과가 나타나는 것은 아니므로 매일 꾸준히 섭취하는 것이 중요하다. 하루에 먹는 양은 25~30g 정도면 된다. 3개월 정도 먹으면 체질이 크게 개선된다고 한다.

이러한 성분은 껍질 부근에 많이 들어 있으므로 가능한 한 껍질을 벗기지 않고 가볍게 씻는 것이 좋다.

고기

고기는 편식하면 안 된다

식탁의 메인 요리로 사랑받는 육류는 몸을 만드는 데 필요한 단백질의 보고이다. 또 면역력에 도움이 되는 철분이나 아연도 풍부하게 함유하고 있다. 소고기, 돼지고기, 닭고기가 대표적이며, 살코기, 갈비, 삼겹살 등 부위가 다양하게 있기 때문에 종류는 천차만별이다. 모든 부위를 골고루 먹어야 영양의 균형을 잡을 수 있다.

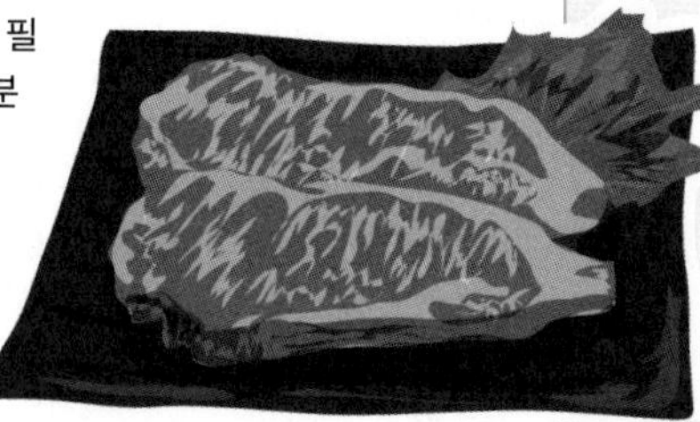

면역력 향상 포인트

- **소고기, 돼지고기, 닭고기별로 아미노산의 구성이 다르다.**
- **철분은 돼지고기와 닭의 간, 아연은 소고기의 모든 부위에 많다.**
- **피부나 점막의 보호 기능을 강화하는 비타민 B_1은 돼지고기에 많다.**

면역력을 높이려면 우선 몸을 안전하게 만드는 것부터 시작해야 한다. 그러려면 단백질이 풍부한 고기는 식탁에서 빼놓을 수 없다.

고기는 소고기, 돼지고기, 닭고기 각각 아미노산(단백질을 구성하는 성분)의 균형이 다를 뿐 아니라 돼지고기와 닭의 간에는 철분이 많은 반면 소고기는 모든 부위에 아연이 풍부하게 들어 있어 영양의 균형도 다르다. 한 가지 고기 또는 부위에 치우치지 말고 다양한 고기를 균형 있게 먹는 것이 중요하다.

고기의 철분은 비타민 C와 함께 섭취하면 흡수가 잘된다. 따라서 고기를 먹을 때는 비타민 C가 풍부한 채소나 과일과 함께 먹는 것이 좋다.

굴

굴은 레몬즙을 뿌려서 먹는다

굴은 글리코겐에 단백질, 아연과 칼슘을 비롯한 미네랄 등 많은 영양소를 함유하고 있어 '바다의 우유'라고도 불린다. 특히 아연의 함량은 전체 식품 중에서도 상위에 속한다. 중국 요리에 많이 사용되는 굴 소스는 굴을 삶은 국물로 만든 조미료이다.

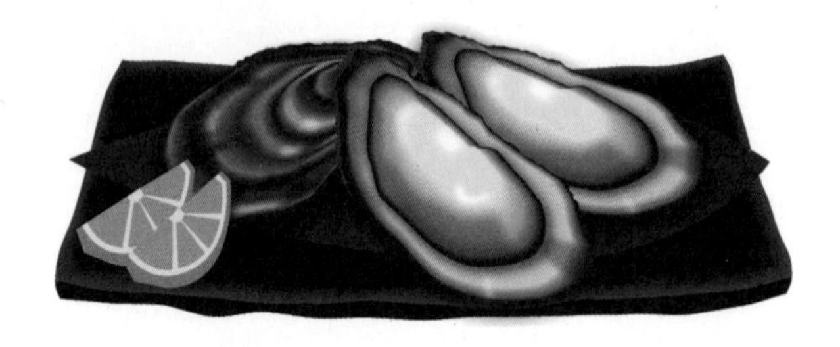

면역력 향상 포인트

- **아연 함량은 모든 식품 중에서 최고이다.**
- **아연은 피부와 점막의 신진대사에 필수적이다.**
- **굴에 레몬을 뿌려 먹으면 아연이 더 잘 흡수된다.**

굴에 포함된 아연은 피부와 점막의 신진대사에 빼놓을 수 없는 중요한 영양소이다. 아연이 부족하면 면역력이 떨어져서 세균과 바이러스가 침입하기 쉬우므로 굴을 먹어 아연 섭취량을 늘리면 좋다.

굴을 먹을 때는 레몬이나 영귤의 즙을 뿌려 먹으면 좋다. 이들 과일에 포함된 비타민 C와 구연산은 아연의 흡수력을 높여준다.

덧붙여서 굴을 졸여 만든 굴소스에도 아연이 많이 들어 있다. 굴소스는 중국 요리에 자주 사용되는데, 다른 요리에도 사용해도 좋다.

달걀

달걀은 하루에 최소 한 개 먹는다

달걀은 단백질과 지질을 많이 포함하고 있어 칼슘이나 철분, 아연과 같은 미네랄과 비타민도 풍부한 완전식품이다. 콜레스테롤이 많아 '하루에 한 개'만 먹어야 한다는 사람도 있고 '크게 상관없다'고 말하는 사람도 있는 등 기준이 다르지만, 최근에는 지나치게 섭취하지 않는 방향으로 권고하고 있다.

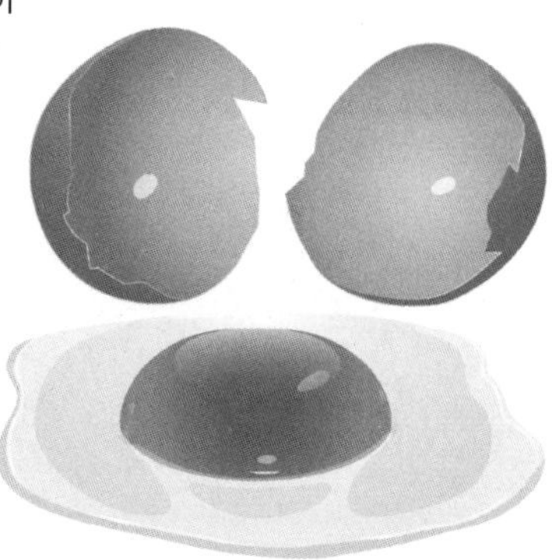

면역력 향상 포인트

- **양질의 단백질로 몸을 만드는 데 빼놓을 수 없다.**
- **비타민과 철분 등 다른 영양소도 풍부하다.**
- **과도하게 먹지 않는 범위에서 꼬박꼬박 먹는 것이 좋다.**

건강한 몸을 만들기 위해 필요한 단백질 외에도 많은 영양소가 있는 달걀은 면역력을 향상시키는 데 빠뜨릴 수 없다.

이전에는 콜레스테롤을 과다 섭취하지 않도록 경고했지만, 사실 콜레스테롤은 세포막을 만드는 데 중요한 물질이다. 부족하면 면역력이 저하되어 질병의 위험을 증가시킨다. 중요한 영양소이므로 과다 섭취하지 않되, 꼭 챙겨 먹는 것이 좋다.

또한 요리를 할 때 달걀 노른자만 사용하는 경우가 있는데 달걀의 영양소는 대부분 노른자에 포함되어 있다. 때문에 노른자를 먹어도 상관없다. 다만 매일 달걀 한 개씩 먹도록 하자.

바나나

바나나는 덜 익은 것도, 잘 익은 것도 좋다

일본의 바나나 수입 조사에 따르면, 바나나는 2005년부터 2020년까지 16년 연속으로 '잘 먹는 과일' 1위를 굳건히 지켰다. 간편하게 먹을 수 있는 데다 칼륨과 마그네슘 등의 미네랄이 풍부하기 때문일 것이다. 또한 장내 유익균의 먹이가 되는 올리고당을 포함하고 있어 요구르트와 궁합이 좋다.

면역력 향상 포인트

- **녹색 바나나의 난(難)소화성 전분은 정장 작용을 한다.**
- **잘 익은 바나나는 백혈구의 수를 증가시킨다.**
- **요구르트와 궁합이 아주 좋다.**

녹색의 덜 익은 바나나와 노란색 표면에 검은 반점이 있는 잘 익은 바나나는 각각 건강에 미치는 영향이 다르다.

덜 익은 바나나는 난소화성 전분이라는 식이섬유가 풍부하여 장내 환경을 개선시키는 효과가 있다. 한편 잘 익은 바나나는 백혈구의 증가를 촉진하고 면역력을 높이는 작용을 한다.

또한 바나나의 올리고당은 장내까지 도착하여 비피더스균의 먹이가 된다. 비피더스균이 들어간 요구르트와 함께 먹으면 효과가 크므로 적극 추천한다. 잘 익은 바나나를 냉동하면 폴리페놀 함유량이 증가한다고 한다.

귤

귤은 껍질도 유용하다

예나 지금이나 꾸준하게 사랑받아 온 귤에는 비타민 C가 풍부한 것 외에 피토케미컬인 베타크립토잔틴이 함유되어 있다. 대부분 가을부터 겨울에 걸쳐 수확하며, 추울 때 먹는 과일로 인기가 많다.

면역력 향상 포인트

- **풍부한 비타민 C가 NK세포를 활성화한다.**
- **항산화 작용이 있는 베타크립토잔틴을 함유하고 있다.**
- **껍질의 영양가가 특히 높다.**

귤 하면 풍부한 비타민 C가 가장 먼저 떠오를 것이다. 비타민 C는 NK세포(p.125 참조)를 활성화하여 감기나 감염증 예방에 도움이 되는 중요한 영양소이다.

귤에는 베타크립토잔틴이라는 피토케미컬이 함유되어 있는데, 이것은 항산화 작용을 가진 물질로 노화와 암의 원인이 되는 활성산소를 제거한다.

이러한 영양분은 껍질에 많이 들어 있어서 가능하면 껍질까지 모두 먹을 것을 권한다. 하지만 껍질째 먹는 것은 쉽지 않으므로 껍질을 말려 진피(귤피)로 만들어서 다양한 요리에 이용하면 된다.

말린 과일

가급적이면 무설탕으로 섭취한다

말린 과일은 과일을 햇볕에 말려 건조시킨 보존식품이다. 포도와 살구, 오렌지 등 다양한 과일을 건조시킬 수 있다. 과일의 영양을 그대로 응축하여 식이섬유가 풍부하면서도 수분이 없기 때문에 부패균이 번식하기 어려워 장기 보존할 수 있는 것도 장점이다.

면역력 향상 포인트

- **과일의 섬유질이 응축되어 있다.**
- **과일을 껍질째 먹을 수 있어 영양 만점이다.**
- **당질 과다 섭취에 주의해야 한다.**

과일을 건조시킨 말린 과일은 과일의 영양을 간편하게 섭취할 수 있는 식품이다. 영양소는 과일에 따라 다르지만, 어떤 과일이든 식이섬유가 풍부하다. 식이섬유는 좋은 박테리아를 늘리고 장내 환경을 개선시키는 효과가 있기 때문에 면역력과 관련이 있다. 기본적으로 과일을 통째로 건조시킨 것이므로, 영양이 많은 껍질까지 먹을 수 있는 장점도 있다.

하지만 달콤한 과일을 말린 것이므로 지나치게 먹으면 당분을 과다 섭취하게 된다. 특히 설탕을 사용한 것은 삼가하고, 무설탕인 것을 적당량 먹도록 한다.

녹차

뜨거운 녹차와 차가운 녹차의 효능이 다르다

차에는 카테킨이라는 폴리페놀이 포함되어 있는데 그중에서도 녹차는 네 종류의 카테킨을 함유한 우수한 음료이다. 카테킨은 피토케미컬의 일종으로, 항산화 작용이 있는 동시에 차의 떫은맛과 쓴맛도 나온다. 또 녹차에는 비타민 C와 카페인 같은 유용한 성분도 들어 있다.

- **피토케미컬인 카테킨을 함유하고 있다.**
- **뜨거운 차의 카테킨은 알레르기 증상을 완화한다.**
- **차가운 차의 카테킨은 대식세포를 활성화한다.**

녹차에 들어 있는 카테킨은 녹차를 뜨거운 물에 우리느냐 찬물에 우리느냐에 따라 효능에 차이가 있다.

뜨거운 차의 경우 에피갈로카테킨 갈레이트(epigallocatechin gallate)라는 카테킨이 많이 추출되어 꽃가루 알레르기 등의 알레르기 증상을 완화시킨다. 또 항산화 작용에 의해 면역력도 높일 수 있다. 효과는 비타민 C의 수십 배나 된다고 한다.

한편 차가운 차의 경우는 에피갈로카테킨이 많이 추출된다. 이것은 대식세포(p.124 참조)를 활성화시켜 병원균에 대한 저항력을 높인다. 또 O157이나 무좀의 원인균에도 효과가 있다.

식초

식초를 된장국이나 우유에 넣어 먹는다

식초가 건강에 좋다는 사실은 다들 알고 있겠지만 실제로 혈당치 상승 완화, 내장 지방 감소, 장내 환경 개선 등의 효과가 확인된 건강식품이다. 식초는 술(사케)을 아세트산균에 의해 한층 더 발효시켜 만든다. 즉, 술을 분해하는 능력이 있어 음주 후에 복용하면 좋다고 하는 이유이다.

면역력 향상 포인트

- **칼슘의 흡수율을 높인다.**
- **식초에 함유된 초산이 장내 환경을 개선한다.**
- **초산균이 들어 있는 흑초는 알레르기 증상도 완화한다.**

식초에는 다양한 효과가 있는데, 특히 면역력과 관련하여 칼슘의 흡수를 돕는 것이 주목할 점이다. 식초는 음식의 칼슘을 녹여 흡수를 쉽게 한다. 그래서 칼슘이 풍부한 식품과 함께 먹으면 효과가 있다. 조개 된장국이나 우유 등에 한 숟가락 정도 넣어 먹자.

일반 식초는 맑은 액체로 만들기 위해 아세트산균을 여과시켜 상품화되고 있지만, 흑초와 같은 일부 식초는 아세트산균이 어느 정도 남아 있다. 아세트산균은 알레르기 증상을 완화하는 효과가 있어 꽃가루 알레르기를 예방하는 방법으로 주목받고 있다.

아몬드

하루 23알 먹는 '123 운동'

건강에 대한 관심이 높아지면서 스낵류보다 견과류가 인기를 끌고 있다. 간식이나 술안주로 간편하게 먹을 수 있는 식품으로 친숙한데, 그중에서도 영양가가 높은 것이 아몬드이다. 식이섬유뿐만 아니라 비타민 E, 미네랄, 각종 피토케미컬과 몸에 좋다고 하는 올레산 지질이 포함되어 있다.

면역력 향상 포인트

- **식이섬유가 장내 환경을 개선한다.**
- **항산화 작용이 뛰어난 비타민 E가 풍부하다.**
- **베타카로틴이나 플라보노이드 등의 피토케미컬이 함유되어 있다.**

아몬드에는 다양한 영양소가 포함되어 있지만, 그중에서도 주목해야 할 것이 비타민 E이다. 비타민 E는 활성 산소를 억제해 세포의 노화를 막아주는데, 그런 비타민 E를 매우 많이 함유하고 있다.

또한 식이섬유가 많아 포만감을 느끼는 것도 장점 중 하나로 많이 먹지 않아도 충분히 만족감을 얻을 수 있다. 미국에서는 하루에 23알 먹는 '123 운동'을 권장하고 있는데, 하루에 23알 섭취를 목표로 잡으면 좋다.

또한 염분을 과다 섭취하지 않도록 양념된 것보다는 구운 아몬드를 추천한다.

증상별

면역력을 높이는 식재료 리스트

지금까지 면역력을 높이는 데 도움이 되는 재료를 소개해 보았다. 하지만 컨디션이 좋지 않을 때 효과적인 식재료는 훨씬 더 많다.

감기

요구르트	콜리플라워
감자	소 간
당근	돼지 간
파	닭 간
양파	장어
토마토	부추
레몬	마늘
오렌지	생강
시금치	겨자
양배추	식초
브로콜리	

만성 피로

당근	양배추
감자	소고기
양파	소 간
요구르트	돼지 간
바나나	닭 간
레몬	마늘
오렌지	바지락
아몬드	조개
시금치	톳
소송채	식초

피부염

당근	오렌지
감자	레몬
파	사과
양파	돼지 간
양배추	팥
미역	생강
낫토	깨
치즈	가다랑어포
토마토	올리브오일
키위	

구내염

낫토	브로콜리
치즈	부추
키위	소 간
바나나	돼지 간
딸기	닭 간
당근	고등어
시금치	꽁치
쑥갓	장어
소송채	

꽃가루 알레르기

양파	차조기
연근	깨
토마토	요구르트
팽이버섯	녹차

복통·위염

배추
두부
아스파라거스

정장 작용

요구르트	치즈
우유	생강
바나나	우메보시
키위	아몬드
사과	마늘
올리고당	톳
감자	팥
당근	한천
낫토	곤약

냉증

생강	시금치
와사비	소송채
고추	차조기
타바스코	붉은고기
후추	돼지 간
된장	닭 간
낫토	가다랑어
감자	바지락
당근	조개
파	마늘
양파	

요통

- 부추
- 오크라
- 고등어

눈의 피로와 충혈

- 셀러리
- 바지락
- 가지
- 양배추
- 당근
- 호박

어깨 결림

- 무
- 가지
- 양배추
- 꽁치
- 누에콩

식욕 부진

- 완두콩
- 호박
- 옥수수

불면증

- 양파
- 청경채
- 굴

불안·초조

- 락교(염교)
- 고구마
- 귤

백발·탈모

- 멜로키아
- 브로콜리
- 검은 깨

2장 | 체크 포인트

제 3 장

생활습관과 운동으로 면역력을 높인다

20 어깨 운동의 강력한 효과

근육이 굳으면 면역력이 저하한다?!

장시간 동안 책상에서 공부나 일을 하다 보면 목과 어깨 주위의 통증을 느끼고 근육이 딱딱하게 굳어지는 경험을 해 봤을 것이다. 평소 사무직으로 근무하는 사람들이 어깨 결림이나 냉증에 시달리고, 편두통으로도 고생한다는 이야기를 자주 듣는다.

의자에 앉아 있으면 서 있는 것보다 부담이 적고 편안하지만 그만큼 몸을 움직이지 않기 때문에 어깨와 목의 근육이 굳어지고 혈액 순환도 나빠지기 쉽다. 이러한 상태가 매일같이 이어진다면 어깨 결림이나 냉증과 같은 증상을 호소하는 것도 당연하다. 나아가 면역력 저하로 이어질 수도 있다.

그렇다면 이를 방지하기 위해서 어떻게 하는 것이 좋을까? 원인은 같은 자세로 장시간 앉아 있는 것이기 때문에 정기적으로 몸을 움직여서 근육을 풀어주면 된다. 간편하게 할 수 있는 전신 운동으로 국민체조를 추천하고 싶지만, 남들 눈을 의식하게 되는 사무실이나 학교에서는 의자에 앉은 채로 할 수 있는 어깨 운동(p.83 그림 참조)이 좋다. 어깨와 목을 중심으로 상체 근육을 움직임으로써 정체되어 있는 혈행을 좋게 만들어 어깨 결림 예방과 몸을 따뜻하게 하는 효과가 있다. TV를 보면서나 가사 일을 할 때도 짬짬이 할 수 있으므로 주기적으로 몸을 움직이도록 하자.

어깨를 풀어 면역력을 높인다!

① 어깨에 손을 얹는다.

② 양 팔꿈치를 가슴 앞에 맞붙여 천천히 위로 올린다.

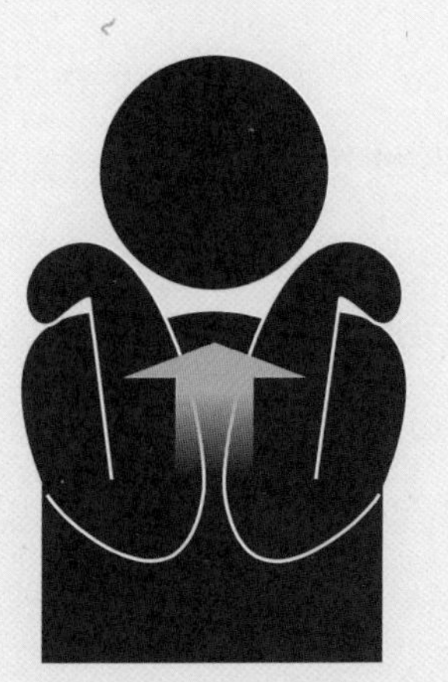

③ 팔꿈치를 얼굴 높이까지 올린 후 다시 천천히 내린다.

④ ①~③을 몇 차례 반복한다.

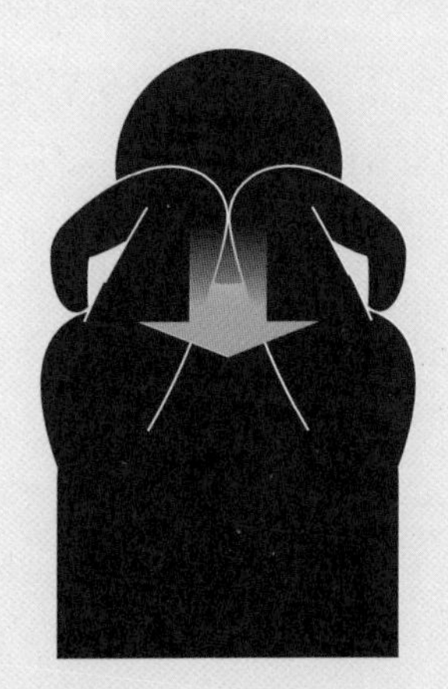

운동 시 주의사항

- 양 팔꿈치는 무리하게 붙이지 않아도 된다.
- 등을 곧게 펴고 어깨 전체가 움직이게끔 한다.
- 천천히 무리가 되지 않게 동작한다.

21 청소만 해도 면역력이 높아진다

청소 시간을 활용해서 운동을 한다

운동을 해보고 싶지만 좀처럼 시간 내기가 쉽지 않다는 사람이 꽤 많을 것이다. 스포츠나 운동으로 신체를 움직이는 일은 운동 부족 외에도 스트레스 해소, 기분전환에도 효과적이다. 그러므로 매일 시간에 쫓기는 사람일수록 운동을 해야 한다. 막상 시작하더라도 시간과 비용 등 걸림돌이 많아 포기하는 사람도 적지 않다.

이런 사람들에게 추천하고 싶은 것이 평소 생활 속에서 하는 집안일을 운동으로 활용하는 방법이다. 그중에서도 전혀 돈을 들이지 않고 당장 해볼 수 있는 것이 청소이다.

요즘의 진공청소기는 가벼워 다루기 쉽고 흡인력도 강하기 때문에 청소가 많이 편해졌지만 운동을 위해 진공청소기 대신 빗자루와 쓰레받기를 이용해 보자. 집 구석구석 정성스럽게 쓸고, 쓰레기와 먼지를 몸을 굽혀 쓸어 담는 동작을 반복하기만 해도 상당한 운동이 된다. 그런 다음 걸레질을 하면 운동량은 훨씬 늘어난다. 특히 걸레질은 전신을 사용하는 유산소 운동이므로 운동 강도가 걷기보다 훨씬 높아 카누를 젓는 것과 같다고 한다. 하루에 방 하나를 걸레질하기만 해도 충분한 운동이 되므로 매일 실천하여 근력과 면역력을 단련해보자.

청소도 어떻게 하느냐에 따라 훌륭한 운동이 될 수 있다!

걸레나 모포로 바닥 청소를 하면 전신의 근육을 움직이기 때문에 걸레질만 해도 운동 강도가 매우 높다. 야외에서 운동이나 산책을 할 수 없는 경우에는 청소기 대신 걸레질로 바꾸기만 해도 근력과 면역력 향상에 충분한 효과를 얻을 수 있다.

걸레질의 운동 강도는 카누나 가벼운 근육 트레이닝과 비슷하다.

22 이른 아침의 '파워 포즈'로 하루가 잘 풀린다!

스트레스에 강해지는 매일 아침의 습관

아침부터 기분이 가라앉거나 아무런 의욕이 생기지 않는 때가 있다. 또 면접이나 회의 같이 중요한 일을 생각하기만 하면 긴장되고 불안해지는 경험을 해본 적은 없는가?

심한 스트레스와 불안감으로 자신감이 떨어질 때는 역경을 이겨내는 '파워 포즈'로 용기를 북돋우고 기분을 바꿔보자.

파워 포즈는 미국 하버드 경영 대학원의 경영학 부교수이자 사회심리학자인 에이미 커디가 주장한 것으로, 스스로를 격려하는 몸짓을 말한다. 파워 포즈를 단 2분만 취하면 뇌 호르몬의 일종인 테스토스테론이 증가하는 등 호르몬 균형에 변화를 일으켜 부정적인 생각이 긍정적으로 바뀌고 불안을 억제하여 자신감이 생긴다고 한다.

파워 포즈는 정해진 포즈와 몸짓이 따로 있는 게 아니라 자신을 일으켜 세우는 강력한 포즈라면 어떤 것이든 상관없다. 예를 들어 주먹을 하늘 높이 들어 올리는 승리의 포즈나 권투 같은 파이팅 포즈, 허리에 손을 대고 가슴을 벌리거나 입을 크게 벌리고 웃는 것도 좋다. 이런 동작을 매일 아침 2분간 습관적으로 하면 기분이 전환되고 자신감과 용기 넘치는 스트레스 없는 생활을 할 수 있다.

'파워 포즈'로 자신감과 용기를 충전한다

자신감이 생기면 면역력도 올라간다!

파워 포즈로 자신감과 용기를 충전함으로써 스트레스에 대한 저항력을 높이고 면역력도 향상된다.

강력한 포즈라면 뭐든 OK!

23 계속 앉아 있지만 말고 때로는 서서 기분 전환을 해보자

일본인은 세계에서 앉아 있는 시간이 가장 길다?!

대부분의 사무직 종사자들은 근무시간의 절반 이상을 앉아서 보낼 것이다. 개중에는 점심시간과 화장실 갈 때를 제외하고는 자리에서 일어서지 않는 사람도 있다. 그러나 82쪽에서도 언급했듯이 장시간 의자에 앉아 있으면 근육이 점점 긴장하는 데다가 혈류가 악화되는 원인이 되기 때문에 몸에 좋지 않다.

호주 시드니 대학 등이 세계 20개국을 대상으로 평균 착석 시간을 조사한 결과 일본인이 약 7시간으로 가장 길고 잠을 자는 시간을 제외하고 깨어 있는 시간의 절반 가까이를 앉아서 지내는 것을 알 수 있었다. 또 다른 조사에서는 하루 6시간 이상 앉아 지내는 사람은 3시간 미만인 사람에 비해 약 20%나 사망 위험이 높다는 보고도 있는 만큼 앉아 있는 시간이 길수록 건강에 악영향을 미친다.

장시간 앉아 있으면 가장 무서운 것이 혈류의 악화이다. 하체는 제2의 심장이라 불리는 종아리 외에도 큰 근육이 여러 개 있기 때문에 앉아 있는 상태가 계속되면 하반신의 혈류가 정체되고, 나아가 온몸에 퍼져서 근육의 신진대사도 저하한다. 나아가 심근경색이나 뇌혈관 질환, 당뇨병 등의 위험이 지적되고 있다. 일에 집중하다 보면 깜빡 넘어가기 쉽지만, 건강을 위해 1시간에 한 번은 자리에서 일어나 몸을 움직이는 습관을 들이자.

계속 앉아 있으면 사망 위험이 높아진다

사무직은
1일 6시간 이상

1일 3시간 미만인 사람에 비해
사망 위험이

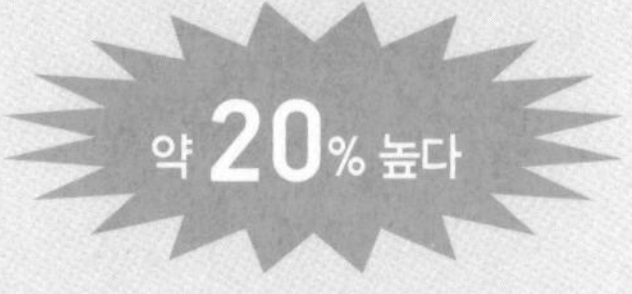

하루 중 앉아 있는 시간이 길수록 사망 위험이 높고, 3대 질병(암, 심장질환, 뇌혈관 질환)의 발병 위험도 높아진다.

30분~1시간에 한 번 일어서서 스트레칭과 몸을 굽혔다 펴는 운동을 하자!

기지개 스트레칭 심호흡

24 자세를 바로잡기만 해도 면역력에 효과가 있다

바른 자세로 면역력을 향상시키자

고령자 중에도 등이 꼿꼿하고 자세가 좋은 사람은 그만큼 젊고 활력이 넘쳐 보인다. 사실 이것은 외형에서 느끼는 인상만은 아니다. 곧게 등을 편 올바른 자세는 면역력을 높여 실제로 젊음을 유지하는 효과가 있다고 한다.

반대로, 새우등과 같이 자세가 나쁜 사람이 나이보다 늙거나 피곤해 보이는 것도 이 때문이다. 나쁜 자세가 생활화되면 혈액 순환이 나빠지고, 그 결과 체온이 떨어져 면역력도 저하한다.

또한 허리가 굽어서 머리가 앞으로 나온 자세는 몸의 균형이 나빠져 목과 허리에 가하는 부담도 크기 때문에 주로 목 주변의 림프 흐름을 정체시키는 원인이 되기도 한다. 이로 인해 몸은 피로물질이 쉽게 쌓이는 상태로 변하여, 실제로도 쉽게 피곤해지고 또 피로가 풀리지 않는다.

나쁜 자세가 일단 습관처럼 굳어지면 개선하기가 쉽지 않다. 평소 새우등인지 아닌지, 머리가 어깨보다 앞으로 나와 있지는 않은지 자신의 자세를 항상 의식하는 것이 중요하다.

특히 직장에서 업무를 볼 때나 책상에 앉아서 공부할 때 자기도 모르게 새우등 자세가 되기 쉽다. 수시로 자신의 자세를 점검하고 올바른 자세를 유지하여 면역력을 높이자.

자세가 나쁘면 외모상 손해를 본다

○

자연스럽게 시선이 높아지면 마음도 밝고 긍정적으로 변한다.

자세가 좋으면 젊고 건강하고 날씬하게 보인다.

×

목이 앞으로 나와 얼굴을 숙이게 된다.

어깨와 등이 휘어 실제 나이보다 늙어 보인다.

장기에 부담이 가해지고 아랫배가 볼록 나와 보인다.

자세 하나로 외모 나이는
10살이나 젊어질 수 있다?!

자세가 나쁘면
몸에 불필요한 부담이 생겨
면역력 저하의
원인이 되기도 한다.

25 종종걸음으로 걸으면 면역력 UP!

걷기를 권하는 네 가지 이유

날씬하고 건강한 몸을 유지하고 젊음을 지키기 위해서 매일 적당한 운동은 필수이다. 그러나 정기적으로 헬스장에 다니거나 새로운 스포츠를 시작하려면 돈도 들고 시간도 내야 하므로 선뜻 실천하기는 쉽지 않다. 원래 운동신경이 없거나 다른 사람과 함께 운동하는 것을 좋아하지 않는 사람이라면 더욱 더 그렇다. 그런 사람에게 꼭 추천하고 싶은 운동이 걷기이다. 주위의 눈을 신경 쓰지 않고 언제라도 부담 없이 시작할 수 있는 걷기 운동은 가장 친숙하고 효율적인 유산소 운동 중 하나로 인기를 끌고 있다. 그냥 걷는 것이 아니라 평소보다 조금 빨리 걷는 것이 중요하다. 동시에 팔을 크게 앞뒤로 흔들면서 걸으면 온몸으로 효율적인 유산소 운동을 할 수 있다. 걷는 속도는 약간 숨이 차는 정도가 가장 좋다.

또 남성은 1일 9,000~10,000보, 여성은 8,000~9,000보를 목표로 잡고 걸으면 될 것이다.

특히 매일 꾸준하게 걸으면 하체 근력 강화, 혈류 증가에 의한 심폐 기능 강화, 뇌 기능 활성화 등의 효과를 얻을 수 있다. 또한 걷기와 더불어 고칼로리 식사와 간식을 자제하면 다이어트 효과도 높일 수 있다.

빠른 걸음으로 건강해지기!

① 적당한 자극으로 근력 강화

빠른 걸음으로 걸으면 주로 하체 근육에 적당한 자극을 주어 근력 향상이나 새우등 개선 효과를 기대할 수 있다.

② 혈액 순환 개선으로 심장 기능을 강화

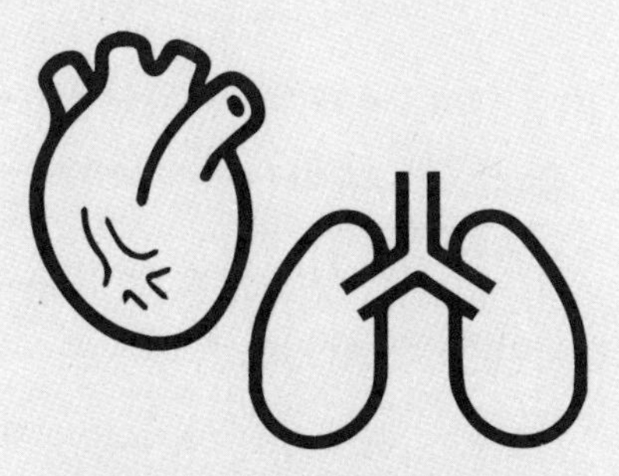

걸어서 심박수가 상승하면 전신의 혈액 순환이 좋아지고 심폐 기능도 강화된다. 혈관의 노화를 막는 효과도 있다.

③ 건강한 다이어트

평소 걷는 속도보다 빨리 걸으면 칼로리 소모가 증가하여 다이어트를 높일 수 있다.

④ 치매 위험을 감소

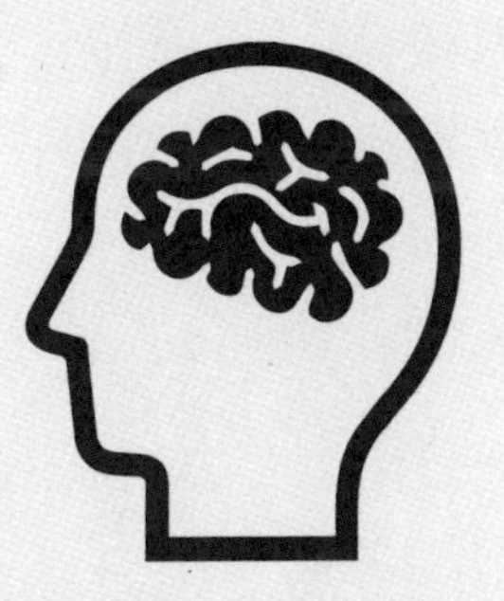

심박수의 상승과 함께 뇌의 혈액 순환이 좋아지고 뇌 기능이 활성화된다. 이로써 치매의 발병 위험을 줄일 수 있다.

26 저녁식사 후 가벼운 운동이 주는 효과

식후 30분~1시간 사이에 가벼운 운동을 한다

앞에서 간편한 운동의 하나로 걷기의 효과를 소개했지만, 그저 매일 걷기만 하면 된다는 이야기는 아니다. 하루 중에서도 몸을 움직이는 데 가장 좋은 시간대인 '골든 타임'이라는 것이 있고, 그에 맞게 운동을 하면 평소 이상의 플러스알파 효과를 얻을 수 있다.

골든 타임이라고 하는 것이 바로 저녁식사 후 30분~1시간 사이의 30분이다. 중요한 것은 '저녁식사 후'라는 점인데, 이 시간에 가볍게 운동을 하면 식사로 섭취한 당질을 에너지로 소비하여 급격한 혈당 상승을 막을 수 있다.

또한 취침 전에 가볍게 몸을 움직이면 스트레스가 해소되고 운동 후의 적당한 피로감과 체온 상승으로 수면의 질을 높이는 효과도 있다.

성인 남성의 하루 평균 걸음 수는 일상생활에서 출퇴근을 포함하여 약 7,000보라고 한다. 하지만 이상적인 걸음 수보다는 2~3,000보 정도 부족하다. 부족한 양을 저녁식사 후 가벼운 산책으로 보충한다면 하루에 필요한 운동량을 확보함과 동시에 스트레스로 인한 면역력 저하도 막을 수 있어 일석이조인 셈이다. 저녁식사 후의 30분을 꼭 활용해보도록 하자.

식후의 유산소 운동으로 건강 증진

① 수면의 질 향상

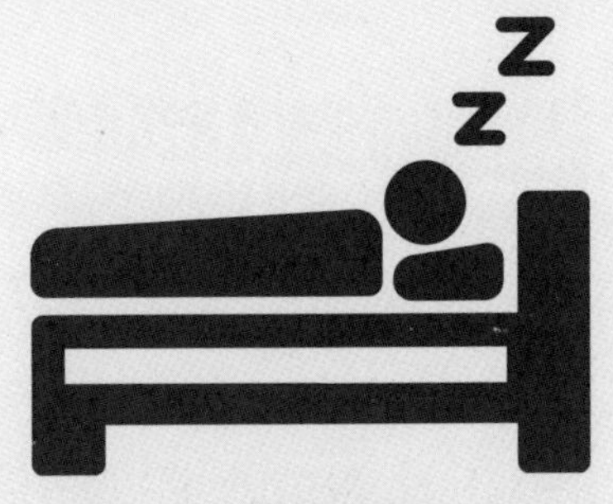

체온이 올라가면 면역력도 향상된다.

② 혈당치 상승 억제

당질을 에너지로 변환한다.

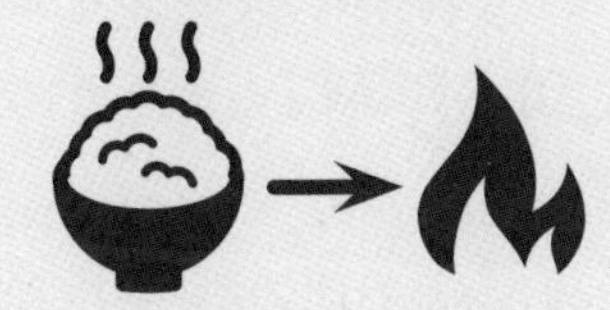

③ 자율신경의 불균형을 조절

몸을 움직여 스트레스를 해소하고
자율신경을 강화한다.

제자리걸음 운동도 OK

운동을 하는 시간을 따로 내지 못하는 경우에는 집안일을 하면서 할 수 있는 제자리걸음 운동을 추천한다. 식후에 20분 정도 제자리걸음을 걸어도 걷는 것과 동일한 칼로리를 소비할 수 있다.

27 종아리 근육을 단련하자

종아리는 제2의 심장

평소에 하는 집안일을 조금만 바꿔도 좋은 운동이 된다고 84쪽에서 소개했지만, 직장생활을 하는 사람이라면 쉽지 않다. 특히 업무 중에 자세를 운동 동작으로 바꾸기 쉽지 않을 뿐더러 바꾼다고 해도 동료들의 시선이 신경쓰여서 자꾸 망설이게 된다.

이런 사람들에게는 주위의 시선을 신경쓰지 않고 자연스럽게 종아리를 단련시키는 운동을 추천한다. 방법은 간단하다. 일상적인 걷기와 서 있는 동작을 발끝이나 한쪽 다리로 서는 자세로 바꾸기만 하면 된다.

이 동작은 남들 눈에 띄지 않으면서도 종아리를 단련할 수 있다. 종아리는 전신 근육 중에서도 '제2의 심장'이라 불리는 매우 중요한 부위로, 근육을 수축하여 하체에 쌓인 혈액을 심장으로 돌려보내는 펌프와 같은 역할을 한다. 즉, 종아리 근육 단련은 정체하기 쉬운 하체의 혈류를 정상적으로 회복시켜 온 몸의 혈액 순환을 원활하게 하고 면역력을 높이는 효과가 있는 것이다.

계단을 올라갈 때나 지하철에서 손잡이를 잡고 서 있을 때 발뒤꿈치를 조금만 들어 발끝으로 걷거나 선다. 의자에서 일어설 때나 양말을 신을 때도 한 발로 서기에 도전해서 종아리 근육을 단련해 보자.

종아리가 '제2의 심장'이라 불리는 이유

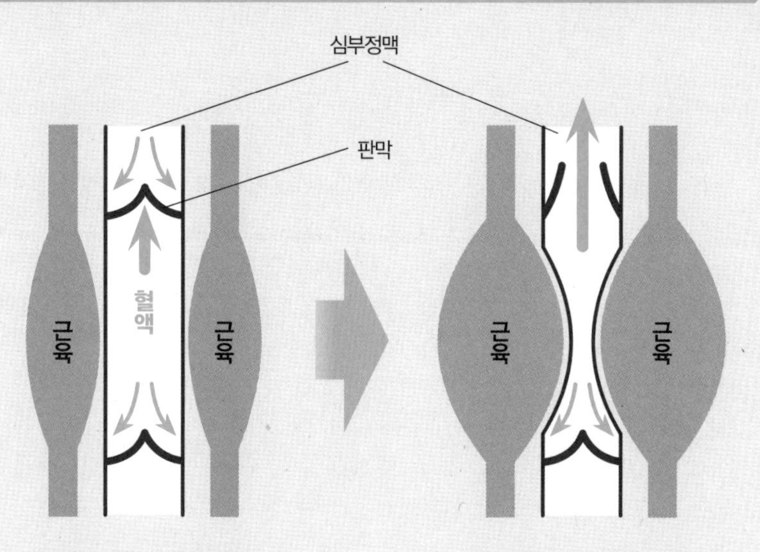

종아리 근육이 풀린 상태

근육이 이완되면 심장으로 가는 혈액의 흐름이 약해져 정체되기 쉽다. 혈관의 판막이 역류를 방지하고 있다.

종아리 근육이 수축된 상태

근육이 수축해서 크게 팽창하면 혈관이 압박되어 혈액이 단번에 심장으로 밀린다.

생활 속 동작으로 종아리를 단련하자

계단을 오를 때나 출퇴근 지하철 안에서는 발끝으로 서기

의자에서 일어설 때는 한 발로 서기

28 더운 날에도 욕조 목욕은 포기하지 말자

몸과 마음을 재충전할 때는 목욕이 최고

예부터 일본인들은 세계에서 목욕을 가장 좋아하는 민족이라 했다. 각국의 목욕 빈도를 조사한 결과 일본인들은 매일 욕조에 몸을 담그는 사람이 약 50%이고, 한여름에도 약 30%의 사람이 매일 목욕을 한다고 한다. 이에 비해 서양에서는 겨우 10%만이 목욕을 하며 대부분은 욕조에 들어가지 않고, 샤워로 간단하게 마친다고 한다. 그들의 입장에서 본다면 일본인은 분명 세계에서 목욕을 가장 좋아하는 것처럼 보일지도 모른다.

입욕에 대한 효과는 많은 이들이 알고 있듯 피로 해소와 혈액 순환 개선을 비롯하여 여러 가지가 있다. 특히 몸 깊은 곳부터 따뜻하게 만들어 땀을 많이 흘리게 하는 방법으로 해독 효과와 면역력 향상을 기대할 수 있다. 그러나 이렇게 많은 장점이 있는 목욕도 방법이 잘못되었다면 그 효과는 반감된다. 목욕의 효과를 극대화하기 위해서는 **40℃의 물에 10분 정도 전신욕을 하는 게 좋다. 이렇게 온몸을 제대로 따뜻하게 하면 긴장해서 뭉친 근육이 풀리고, 적당한 수압과 모세혈관 확장 효과로 정체되기 쉬운 혈액의 흐름을 개선해준다.**

특히 여름철에는 실내외의 큰 온도 차이로 피로해지기 쉽고 더위와 불면증으로 컨디션도 쉽게 망가질 수 있다. 이런 계절일수록 매일 목욕 시간을 통해 몸과 마음을 재충전하여 건강을 유지할 수 있도록 노력하자.

매일 목욕을 하면 건강 증진 & 면역력 향상

체온이 약 1℃ 상승하고 면역력도 UP!

목욕은 이런 효과도 있다

정수압 효과

몸에 가해지는 적정량의 수압이 혈관을 확장시켜서 혈액과 림프액의 흐름이 일시적으로 좋아진다.

부력 효과

부력으로 몸이 가벼워지기 때문에 근육이 갖는 부담이 줄어든다. 또한 몸이 무겁다거나 나른한 느낌 없이 안정감을 느낄 수 있다.

온열 효과

혈관 확장으로 혈류가 늘어나면서 몸이 따뜻해지고 이로 인해 피로가 풀린다. 또한 40℃ 정도의 물에서 목욕을 하면 교감신경을 자극해 우리 몸에 활력이 생긴다. 또 체온과 비슷하거나 조금 높은 온도의 미온수로 목욕을 하면 부교감신경을 자극하여 정서적 안정을 느낄 수 있다.

29 탄산가스가 든 입욕제를 사용하여 혈액 순환을 촉진

입욕 효과를 높이는 작은 아이디어

앞에서 효과적인 입욕 방법에 대해 소개해 보았다. 그런데 목욕하는 방법을 평소와 조금만 다르게 하면 한층 더 높은 입욕 효과로 면역력을 높일 수 있다고 한다.

그중에서도 가장 간단하고 효과가 좋은 방법은 시그니처 목욕 아이템이라고도 불리는 일본의 '입욕제'를 활용한 방법이다. 목욕할 때 입욕제를 넣으면 평소보다 온욕(温浴) 효과가 높고 욕실에서 나온 후에도 당분간은 몸이 따끈따끈해서 목욕 후 한기를 덜 느낀다. 또 물의 색과 향기가 우리를 편안하게 만들어 즐거운 시간을 만들어 주는 것도 입욕제의 매력이다.

그중에서도 고급 탄산가스가 들어간 입욕제는 온욕 효과가 더 높다. 혈중에 흡수된 탄산가스가 혈관을 넓혀 혈액의 흐름을 증가시킨다. 목욕을 하는 사이 데워진 혈액이 온몸을 둘러싸고 몸 구석구석까지 따뜻하게 해주기 때문에 피로가 쌓였다고 느낄 때는 탄산가스가 든 입욕제나 온천 성분이 배합된 입욕제를 사용하는 것도 좋다.

입욕제를 다 썼거나 색이나 향을 좋아하지 않는 사람은 2~3분 정도 손과 발을 목욕물에 담갔다가 샤워기로 찬물을 끼얹어 보자. 이 동작을 4~5회 반복하면 입욕제를 사용한 것과 마찬가지로 혈액 순환이 원활해지고 몸속까지 따뜻하게 데울 수 있다.

탄산가스가 입욕 효과를 높인다

탄산가스가 든 입욕제를 사용하면 혈액 순환이 좋아져서 체온이 상승하고 면역력도 올라간다. 참고로 기침, 감기에 걸렸을 때 생강 입욕제를 하면 몸을 따뜻하게 하여 두통, 콧물 등 감기 증상 전반에 효과적이다.

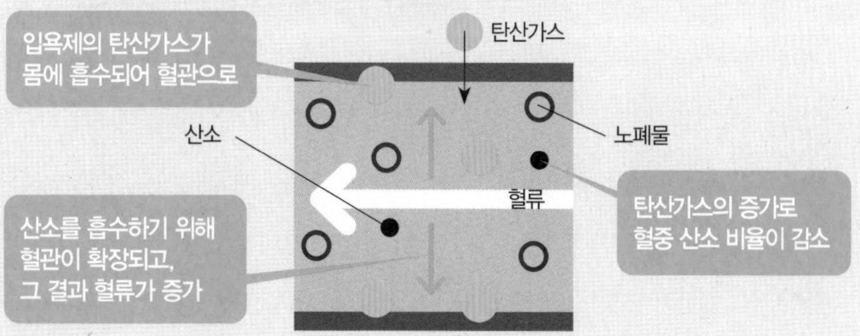

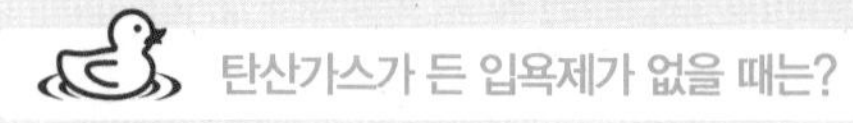

탄산가스가 든 입욕제가 없을 때는?

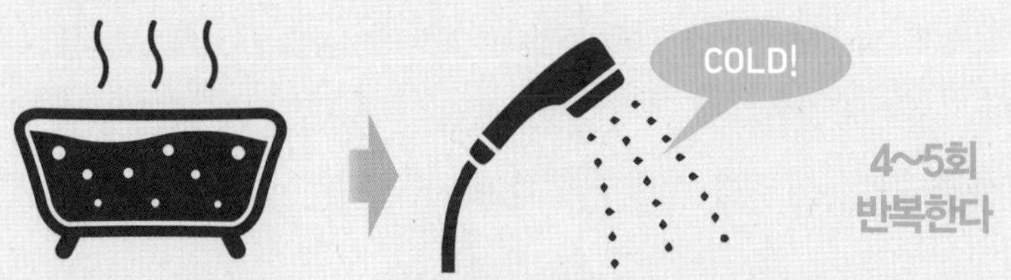

뜨거운 물에 2~3분 정도 담근다.

약 몇 초 동안만 샤워기로 손과 발에 찬물을 끼얹는다.

30 뜨거운 물로 장시간 목욕하는 것은 역효과

뜨거운 목욕은 오히려 피곤하다고?!

유독 뜨거운 물로 목욕하는 것을 선호하는 사람이 있다. 목욕물은 뜨거우면 뜨거울수록 몸에 좋고 뜨거운 물에 목욕을 하면 감기에 걸리지 않는다고 하는데, 이 말은 사실일까?

의학적으로는 42℃ 이상의 뜨거운 물에 5분 이상 목욕을 하는 것은 오히려 몸에 좋지 않다고 한다. 뜨거움을 참고 몸을 담그고 있으면 교감신경이 항진 상태로 변하여 심신이 긴장한 나머지 흥분해서 '전투 모드'로 전환되기 때문이다. 뜨거운 물에 들어가는 순간 온몸에 힘이 들어가 근육이 긴장하여 혈압이 급상승한다. 맥박도 빨라지고 온몸에서 땀이 단숨에 분출한다. 이것은 혈관이 긴장해서 혈류가 악화되고, 또 땀으로 체내의 수분이 방출되어 혈액의 농도가 높아지고 있다는 얘기이다. 긴장을 풀기 위해 시작한 목욕이 반대로 피로를 유발하는 것이다. 당연히 입욕 효과도 낮고, 이런 방법이 몸에 좋을 리가 없다.

입욕 효과를 높이는 방법은 이미 소개했지만, 이 밖에도 몸을 따뜻하게 데우고 오한이나 피로를 날릴 수 있는 목욕법은 여러 가지가 있다. 여유롭게 욕조에 들어가 있을 시간이 없을 때는 따뜻한 물로 샤워를 잠깐 하거나 의자에 앉아서 할 수 있는 족욕도 좋다. 휴일에는 미지근한 물로 느긋하게 반신욕을 즐기며 한 주의 피로를 푸는 것이 좋다.

효과적인 입욕 방법 네 가지

① 따뜻한 물로 3분 정도 샤워하기

약 42℃의 물에서 3분 정도 샤워를 하면 면역력이 강화하고 젖산 발생을 지연시킬 수 있다.

② 약 40℃의 물에서 10분 정도 목욕한다.

40℃ 전후의 따뜻한 물에 10분 정도 몸을 담그는 것이 이상적이다. 그러면 혈관이 확장하면서 손발 끝까지 제대로 온기를 전달할 수 있다.

③ 미지근한 물에 반신욕하기

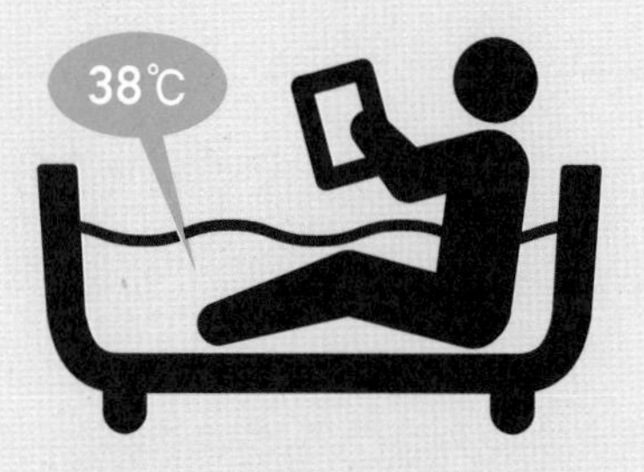

36~38℃의 미지근한 물에 느긋하게 반신욕을 하는 것도 좋다. 부교감신경을 자극하여 몸과 마음의 안정을 취할 수 있다.

④ 족욕으로 전신의 혈액 순환을 촉진

40℃ 전후의 물로 족욕을 하면 전신을 따뜻하게 데울 수 있다. 목욕을 할 수 없을 때 추천한다.

31 면역력을 높이는 성장 호르몬의 분비를 촉진하는 수면법

양질의 수면이 면역력을 높인다

일본에는 '일찍 자고 일찍 일어나면 병을 모른다'는 속담이 있다. 이와 같이 매일 규칙적인 생활을 하고 충분한 수면을 취하는 것은 건강을 유지하는 데 있어 무엇보다 중요하다. 개중에는 4~5시간 자면 충분하다고 말하는 사람도 있을지 모르지만, 하루의 피로를 말끔히 털어내서 다음날까지 피로가 남지 않도록 하려면 매일 7시간 정도는 잠을 자는 것이 좋다.

충분한 수면이 중요한 또 다른 이유는 수면하는 동안 다양한 호르몬이 분비되기 때문이다. 특히 성장 호르몬은 성장기의 골격과 근육의 발달을 촉진할 뿐만 아니라, 면역 기능을 강화하고 상처받은 세포를 복구하는 등 잠을 자는 동안 심신을 유지하는 중요한 기능을 한다.

특히 성장 호르몬이 활발하게 분비되는 것은 깊이 잠드는 논렘수면(NREM-sleep)이라는 시간이다. 수면 중에는 논렘수면과 얕은 잠을 자는 렘수면(REM sleep)이 일정 주기로 반복되기 때문에 수면 시간을 제대로 확보하는 것은 물론 수면의 질을 높이는 것도 면역력 향상에 필요하다. 잠자기 전에 스마트폰이나 게임, 너무 강한 조명은 수면의 질을 떨어뜨리는 원인이 되므로 취침 전 1시간은 이런 행동을 최대한 자제하고 편안한 기분으로 잠잘 준비를 하자.

성장 호르몬에는 양질의 수면이 필수

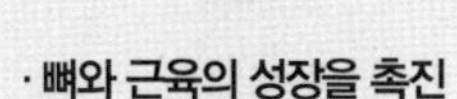

· 손상된 세포를 복구
· 면역 기능을 강화

수면과 관련된 세 가지 호르몬

성장 호르몬	성장기에 뼈와 근육의 성장을 촉진하는 호르몬으로 어른이 되고 나서도 손상된 조직의 복구 및 면역 기능 강화, 피로 회복 등을 돕는다.
멜라토닌	성장 호르몬의 분비를 촉진한다. 뛰어난 항산화 작용으로 세포의 노화를 막는 효과도 있다.
코르티솔	부신겉질에서 분비되는 호르몬이다. 항스트레스 작용이 있어 신진대사 활동을 촉진하고 면역 기능을 활성화한다.

수면은 '시간'보다 '질'이 중요

충분한 수면 시간을 확보하는 것도 중요하지만, 성장 호르몬의 분비를 촉진하기 위해서는 수면의 질, 즉 수면의 깊이도 중요하다. 취침 전에 스마트폰이나 게임, 강한 조명은 가급적 피하고 제대로 몸이 쉴 수 있는 편안한 침구에서 자도록 한다.

32 수면 시간이 짧으면 장수하기 어렵다?

면역 기능을 강화하기 위해서는 잠이 필수다

현대인의 평균 수면 시간은 점점 짧아지고 있고, 하루 수면 시간이 6시간 미만인 성인은 무려 40%가 넘는다. 원인은 여러 가지가 있겠지만, 그중에서도 인터넷이 보급되면서 즐길 거리가 다양해지고, 노동 환경과 남녀의 사회적 역할이 변한 것이 원인이라고 할 수 있다.

사회를 지탱하는 성인 중 약 절반이 만성 수면 부족에 시달리고 있는 이 상황은 결코 웃을 수가 없다. 앞으로 우리의 미래는 과연 괜찮은 것일까?

인간의 뇌는 수면 중 반 각성 상태에 있는 렘수면과 완전히 휴면하고 있는 논렘수면을 일정 주기로 반복한다. 이전 페이지에서도 소개했듯이 우리의 몸을 유지하고 관리하는 성장 호르몬과 항산화 작용을 통해 노화를 방지하는 멜라토닌이 논렘수면 상태에서 특히 활발하게 분비되기 때문에 수면 시간이 짧으면 성장 호르몬의 분비량도 감소한다. 즉, 만성적인 수면 부족은 몸의 산화(=노화)를 촉진하고 면역력도 떨어뜨린다. 이런 무방비 상태를 계속 지속한다면 수명은 줄어들 수밖에 없다.

일반적으로 수면은 1시간 반~2시간이 1주기라고 알려져 있다. 때문에 아무리 짧아도 4시간 반은 반드시, 또 가능하면 매일 7시간 이상은 수면을 취하도록 하자.

수면에는 주기가 있다

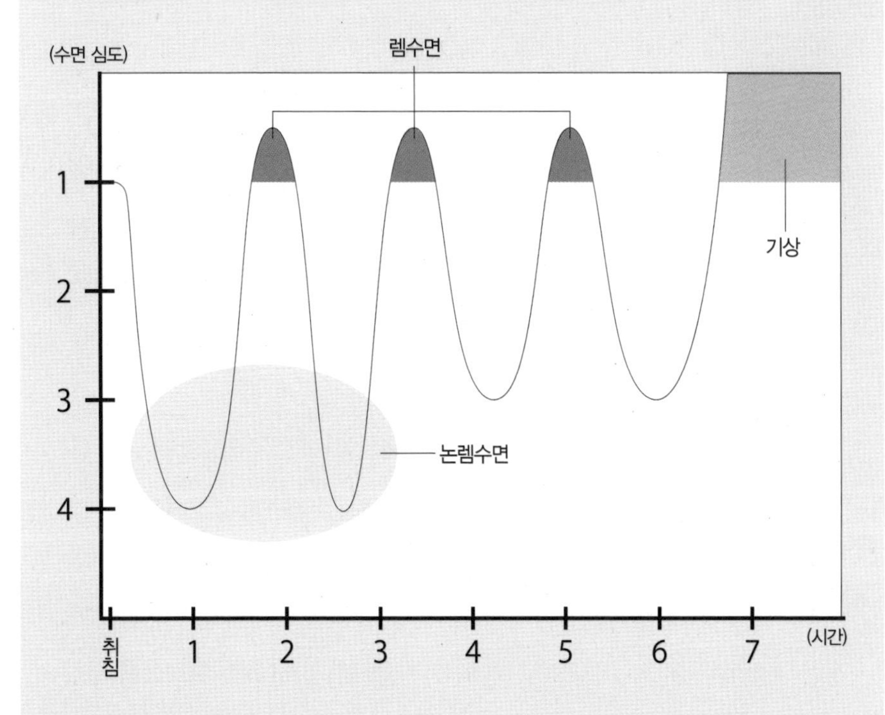

건강하게 장수하고 싶다면 매일 7시간 수면을!

성장 호르몬의 분비를 촉진하는 데 필요한 수면은 최소 4시간 반 이상. 확실한 피로 회복과 면역력을 높이고 싶다면 매일 7시간 이상 수면을 취할 것을 권한다.

33 자기 전에 하면 좋은 행동과 나쁜 행동

잠들기 전 음주와 스마트폰은 금지!

당신은 자기 전 항상 하는 루틴이 있는가? 가벼운 스트레칭이나 편안한 음악으로 마음을 안정시키는 등 방법은 여러 가지가 있다. 그중에는 편히 잠들기 위함이라는 구실로 술을 살짝 즐기는 사람도 있을 것이다.

술을 마셔서 실제로 잠을 푹 잘 수 있다면 상관없겠지만, 괜찮을 거라 생각하고 한 행동이 반대로 수면의 질을 떨어뜨릴 수도 있으니 주의해야 한다.

방금 말한 잠자기 전에 마시는 알코올은 위에서 말한 나쁜 습관 중 하나이다. 알코올을 섭취하면 뇌는 각성 상태가 되기 때문에, 잠이 들어도 쉽사리 깊은 잠(= 논렘수면)에 들지 못한다. 더욱이 알코올을 분해하려고 간은 계속해서 일을 하기 때문에 본인은 잠들어 의식하지 못해도 머리와 몸은 계속해서 활동하고 있다. 이건 질 좋은 잠이 아니다.

많은 사람이 잠자기 전 하는 행동인 스마트폰이나 장시간 목욕도 취침 전 루틴으로는 좋지 않다. 이 모든 행동이 교감신경을 항진시켜서 수면의 질을 떨어뜨린다.

쉽게 잠들지 못하는 사람은 따뜻한 허브티를 마셔 보자. 평소 익숙한 캐모마일이나 라벤더라면 구하기 쉽고, 숙면과 진정 효과도 있으므로 추천한다.

잠들기 전에 하면 좋은 행동과 나쁜 행동

OK! 잠들기 전에 이렇게 하자!

허브티를 마신다

진정 효과가 있고 부교감신경이 활발해져서 수면의 질이 향상된다.

침구를 정돈하고 침실을 환기시키자

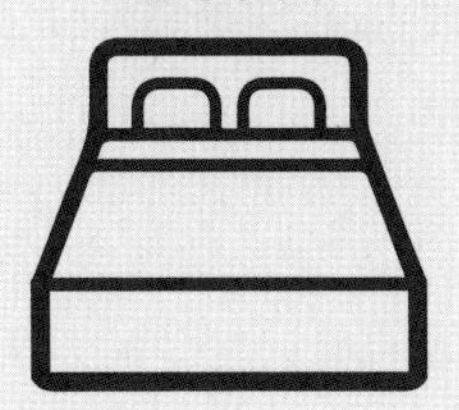

이불을 정돈하고 환기를 하면 실내 먼지가 줄어 수면 중 호흡을 편하게 한다.

에어컨을 켠다

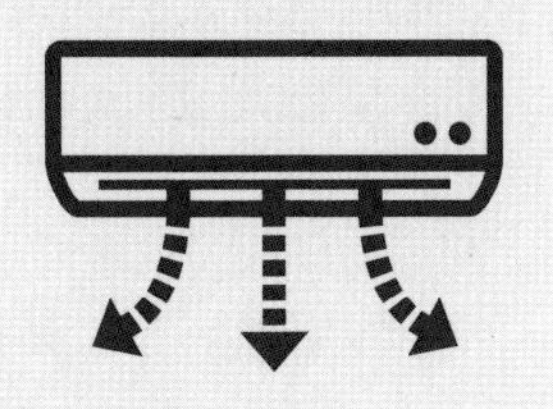

한여름이나 겨울에 실내 온도를 일정하게 유지하면 편안하게 잠을 잘 수 있다.

NG! 잠들기 전에 해서는 안 되는 행동

술을 마신다

자기 전에 마시는 술은 수면을 방해하여 중간에 깨기 쉽고 수면의 질도 떨어뜨린다.

스마트폰 들여다보기

스마트폰의 블루라이트가 교감신경을 자극해서 멜라토닌의 분비를 억제한다.

장시간 목욕

뜨거운 물에 오랜 시간 목욕을 하면 교감신경이 활발해져 쉽게 잠들지 못한다.

34 영화를 보고 우는 것만으로도 면역력이 올라간다

마음껏 울면 마음이 정화된다

최근 일본에서는 여성층을 중심으로 루이카츠[1]라는 활동이 성행하고 있다. 구직활동을 뜻하는 슈카츠(就活)나 콘카츠[2]와 같이 약자를 쓰는데 의도적으로 눈물을 흘려서 기분을 상쾌하게 만들어 스트레스를 해소하는 활동이다.

사회생활을 하다 보면 자신의 감정을 솔직하게 표현할 수 없거나 감정을 억눌러야 하는 경우가 많아 스트레스가 쉽게 쌓인다. 루이카츠는 그렇게 쌓인 스트레스를 해소하기 위해 감동적이거나 슬픈 이야기를 감상하고 마음껏 울면서 마음을 디톡스하는 것이다.

실제로 감정이 고조되어 흘리는 '정동(情動)'[3]의 눈물은 긴장과 흥분을 풀어주고 부교감신경을 활성화하여 마음을 안정시킨다. 또 눈물을 흘린 후에는 '행복 호르몬'이라 불리는 베타 엔돌핀이 증가하는데, 이것이 스트레스를 완화하고 면역력도 높여준다. 루이카츠는 이러한 마음과 몸의 원리를 이용한 스트레스 해소법인 셈이다.

조금 마음이 지쳤다고 느낄 때는 손수건을 들고 펑펑 울 수 있는 영화를 보며 마음껏 눈물을 흘려 보는 건 어떨까? 슬픈 이야기를 모은 책이나 낭독 CD도 인기가 있으니 한 번쯤 시도해 보자.

---

1 **涙活** 눈물 활동. 의도적으로 눈물을 흘림으로써 스트레스 해소를 도모하는 활동_역자 주

2 **婚活** 결혼을 하기 위해 노력하는 활동_역자 주

3 **정동(情動)** 희로애락과 같이 일시적으로 급격히 일어나는 감정_역자 주

눈물을 흘리면 기분이 후련해진다

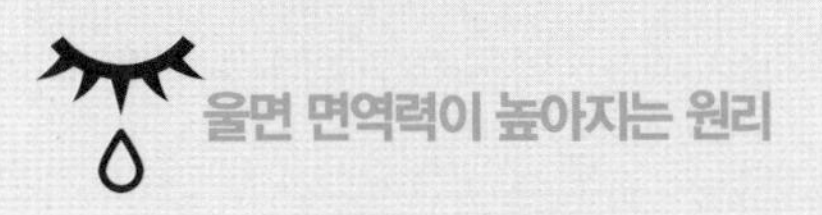

영화나 드라마를 보고 감동해서 눈물을 흘린다.

베타 엔돌핀(행복 호르몬)이 증가한다.

스트레스 해소로 면역력이 좋아진다.

35 큰 소리로 웃으면 몸도 강해진다!

면역력은 '웃는 얼굴'로 단련한다

어떤 이야기에 따르면 매일 싱글벙글 미소를 잃지 않는 사람일수록 건강하고 장수할 수 있다고 한다. 실제로 노인이나 우울증인 환자를 대상으로 '웃음 치료'를 시행하는 병원도 있을 정도니 말이다. 그 의학적인 근거와 성과에 대해서는 아직 연구 단계이지만, 어떤 일이든 즐기면서 받아들이고 긍정적이고 낙관적으로 생각하면 심신을 활성화해서 우리 몸이 건강해진다고 한다.

또한 타인이 웃는 모습을 보거나 자신이 웃고 있으면 뇌에서 행복 호르몬이라 불리는 도파민 및 베타 엔돌핀이 분비된다. 이 호르몬은 행복감을 가져다줘서 마음을 평온하게 하고 스트레스도 완화시키는데, 말하자면 마음의 영양제이다. 극심한 스트레스에 노출되었다면 최대한 웃으면서 극복해 보자.

또 하나는 웃음과 미소가 가져다주는 효과로 주목을 받고 있는 것이 면역력 강화이다. 웃으면 몸 안에 침입한 이물질을 찾아 공격하는 NK세포(naturalkiller cell)(p.125 참조)가 활성화해서 면역 기능을 강화한다고 한다. NK세포는 일부 암세포에 효과적으로 작용하기 때문에 암 면역 치료법으로도 크게 기대하고 있다. 웃음으로 암을 극복하는 그런 시대가 정말 올지도 모르겠다.

웃어서 몸과 마음을 활성화시키자!

① 행복 호르몬이 분비

미소가 도파민 및 베타 엔돌핀 같은 뇌 속 물질이 분비되도록 촉진시키는데, 이로 인해 행복감을 느끼면 스트레스가 완화된다.

② 자율신경을 정돈

미소가 부교감신경의 작용을 지배하고 자율신경의 균형을 유지시켜 준다.

③ 면역세포를 활성화

웃으면 몸 안에 침입한 비정상 세포와 바이러스를 공격하는 NK세포를 활성화해서 암의 발생을 억제하고 면역력을 높인다.

36 건강해지고 싶다면 노래방에 가자!

즐겁게 노래하면 몸도 마음도 건강해진다

큰 소리로 웃거나 마음껏 울어서 감정을 표출하는 것이 스트레스 해소에 높은 효과가 있다는 사실은 앞에서 소개했다. 또한 면역력도 단련되어 심신 모두 건강해지는 일석이조의 해소법인데, 혼자 하는 것이 민망하거나 이왕이면 즐기면서 발산하고 싶은 사람도 있을 법하다. 그런 사람들에게는 노래방을 추천한다.

노래방에서는 목청껏 큰 소리를 낼 수도 있고, 좋아하는 노래를 마음껏 부르면 즐겁게 스트레스를 해소할 수 있다. 최근에는 1인 노래방도 생겼으니, 남이 자신의 노래를 듣는 걸 부끄럽게 여기는 사람도 안심하고 즐길 수 있다.

노래를 불러서 생기는 건강에 대한 효과는 과학적으로도 증명되었다. 우리는 평소 호흡을 할 때 가슴을 크게 움직이는 흉식호흡(숨 쉴 때마다 가슴이 부풀어 올랐다가 가라앉는 호흡)을 하는데, 노래를 할 때는 배를 부풀려 복식호흡(배의 근육을 움직여서 가로막을 신축시키면서 하는 호흡)을 한다. 복식호흡으로 바뀌면 자율신경이 집중되어 있는 가로막(횡격막)이 활발하게 움직여서 부교감신경이 기능한다. 이로써 면역 기능이 높아지고 마음이 안정되는 효과가 있다.

노래를 하면서 춤까지 추면 흥이 나는 데다가 적당한 전신 운동도 되므로 일석삼조의 효과를 얻을 수 있다.

노래가 건강에 좋은 네 가지 이유

① 큰 소리로 부르면 기분도 좋아진다

큰 소리로 노래하면 기분이 후련해지는데, 배 안에서 소리를 내게끔 하면 가로막이 움직여서 자율신경이 자극되어 더욱 더 효과적이다.

② 노래를 하면 타액의 양이 증가

노래를 하면 타액의 분비량이 증가한다. 이로 인해 면역력이 강화되는 동시에 활성 산소를 제거하는 효과가 있어 노화 방지에도 도움이 된다.

③ 얼굴 근육을 움직여 스트레스 호르몬을 퇴치

즐겁게 노래를 해서 얼굴 근육이 크게 움직이면 즐거웠던 기억이 되살아나 코르티솔(스트레스 호르몬)을 감소시킨다.

④ 춤까지 추면 전신 운동

크게 입을 벌려 노래를 하면 얼굴 전체의 근육을 사용하는 것 외에 춤까지 추며 노래를 부르면 전신 운동도 된다.

37 대화로 면역력 UP! '죄송합니다'보다 '감사합니다'

솔직하게 사과하는 것은 좋지만…….

거래처나 직장 상사에게 죄송하다고 여러 번 사죄하는 장면은 비즈니스 현장에서 가끔 볼 수 있는 광경이다. 돌이킬 수 없는 실수를 했거나 상대에게 엄청난 피해를 줬다면 무조건 진심을 담아 사과를 해야 하겠지만, 실질적으로 손해가 없는 수준의 실수이거나 만회할 수 있는 사안이라면 단지 사과만 할 게 아니라 '감사합니다'라고 감사의 마음을 전하고 적극적으로 대처하는 습관을 들이도록 하자.

사람은 누군가에게 사과를 할 때 강한 스트레스를 받는다. 죄송하다고 말할 때마다 뇌가 부담감과 죄책감을 느낀다. 평소 무슨 일이든 미안하다는 말을 입에 달고 사는 사람은 그럴 때마다 스트레스가 쌓인다고 해도 과언이 아니다.

한편 무언가를 해준 것에 대해 상대에게 감사의 마음을 전할 때 뇌에는 베타 엔돌핀이라는 행복 호르몬이 분비된다. 이것은 큰 행복감을 가져다줘 스트레스를 완화시키는 효과가 있어 무겁고 긴장된 분위기를 전환하는 계기로 제격이다. 긴장한 표정도 자연스럽게 누그러지고 미소를 의식하면서 대화를 이어가면 긍정적으로 받아들이게 된다. 또 미소의 힘으로 면역력을 높일(112쪽 참조) 수도 있다.

스트레스를 완화하는 '감사'의 말

사과만 하면 스트레스가 쌓인다

말끝마다 죄송하다고 사과하는 버릇이 습관인 사람은 그 때마다 뇌가 스트레스를 느낀다.

감사의 말로 뇌를 행복하게

상대에게 불필요한 수고를 하게 한 경우에는 사과만 할 게 아니라 감사의 마음도 전한다. 그러면 뇌에 행복 호르몬이 분비되어 스트레스를 완화할 수 있다.

38 일광욕은 매우 중요하다

매일 아침 일광욕으로 하루를 시작한다

하루를 보낼 때 대부분을 가정이나 사무실에서 보내기 때문에 햇볕을 쬘 기회가 거의 없는 사람이 의외로 많을 것이다. 특히 최근에는 근무 형태가 다양해져서 재택근무를 하며 원격으로 일하는 방식이 빠르게 확산되고 있다. 이런 사람들 중에는 출퇴근을 하지 않으니 더더욱 밖으로 나갈 기회가 없다는 사람들이 늘어나고 있다.

이미 알려진 사실이지만, 햇볕에는 면역력을 높이는 효과가 있다. 구체적으로는 햇볕을 받으면 몸 안에서 비타민 D가 만들어지고 이 비타민 D가 면역력을 높여준다. 비타민 D는 나이가 들면서 점점 감소하는 물질이기 때문에 햇볕을 받지 않고 생활하면 비타민 D가 부족해지기 쉽다. 그러므로 매일 15분을 기준으로 쇼핑이나 산책을 하면서 햇볕을 받는 습관을 들이자.

아침형 인간인 사람은 일어나자마자 아침 햇살을 받을 것을 추천한다. 아침 햇살은 흐트러진 생활의 리듬을 찾아주고 체내 시계를 재설정하는 효과가 있다. 또 성장 호르몬의 생성을 촉진하는 멜라토닌의 분비량도 늘어나기 때문에 수면의 질이 향상되고 면역력이 높아진다. 아침 햇살을 받으면서 가볍게 몸을 움직이면 몸과 마음 모두 상쾌하게 하루를 시작할 수 있다.

하루 15분의 일광욕이 수면의 질을 높인다

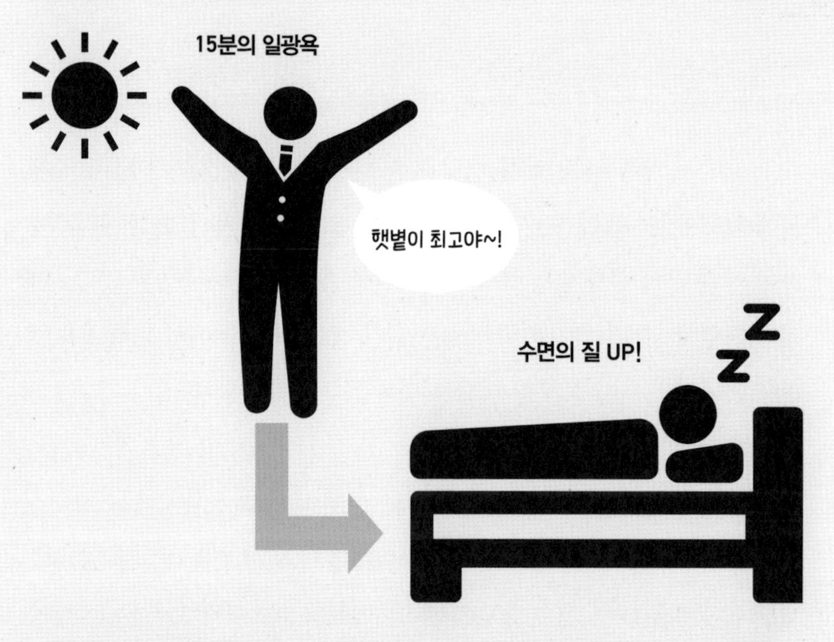

아침 15분의 일광욕으로 생체 리듬을 재설정하고 생활 리듬을 바로잡을 수 있다. 또한 적당한 일광욕은 성장 호르몬의 생성을 촉진하는 멜라토닌의 분비를 증가시키고 수면의 질을 높이는 (=면역력을 높이는) 효과도 있다.

아침 해를 보면서 체조

양지바른 길로 출퇴근

일광욕하면서 휴식 취하기

39 면역력을 올리고 싶다면 담배는 NG!

담배는 면역 기능에 최대 적이다

과거에는 남성이 담배 피우는 것을 당연하게 여겼고 실제로 80% 이상이 흡연자였다. 그런데 지금은 과도한 세금과 웰빙의 영향 때문인지 남성 흡연자는 40% 미만, 여성 흡연자는 10% 미만으로 크게 줄어들었다. 유럽이나 미국에서는 TV, 영화, 드라마에서 담배를 피우는 장면을 내보낼 수 없을 정도로 담배를 기피하는 분위기가 자연스러워졌다.

담배 연기에는 인체에 유해한 성분이 무려 200여 가지나 포함되어 있다. 특히 주성분인 니코틴과 타르는 암의 발병 위험을 높이는 물질이라고 다들 알고 있는데, 최근의 연구에서는 면역력을 떨어뜨린다는 사실도 밝혀졌다.

담배 연기가 몸 안으로 들어가면 타액이나 혈액에 녹아들어 몸의 여러 장기와 혈관을 손상시키고 서서히 몸의 기능을 약화시킨다. 또 면역력에 도움이 되는 림프구와 비타민 C도 현저하게 감소시키기 때문에 인체의 면역 기능에 있어서는 가장 강력하고도 나쁜 난적이라고 할 수 있다.

담배는 자신의 수명을 단축시킬 뿐만 아니라 주변의 소중한 사람의 생명까지 위협한다. 매일 비싼 돈을 지불하면서까지 자신의 건강을 포기할 것인가? 소중한 가족과 건강하게 장수하고 싶다면 당장 담배를 끊어야 한다.

지금 당장 금연해야 하는 이유는 이렇게나 많다

담배 연기는 유해물질투성이

담배에 포함된 유해물질은 무려 200가지 이상이나 된다. 이 중 발암성이 있는 것만 해도 50가지 이상이다.

심근경색, 협심증 위험이 3배나 증가

흡연자의 심근경색이나 협심증으로 인한 사망 위험은 비흡연자의 1.7배이다. 1일 50개비 이상 피우는 사람은 3배 이상 높다고 한다.

가족과 친구의 건강도 해친다

담배를 피우지 않는 사람도 간접흡연에 의해 심근경색이나 협심증이 발병하여 사망할 확률은 1.3~2.7배 높다.

비타민 C를 대량으로 소비한다

담배를 한 개비 피우면 하루에 필요한 비타민 C(100mg)의 절반을 잃는다. 하루 한 갑 피우는 사람은 1,000mg나 잃는다.

남성 8년, 여성은 10년 수명이 준다

담배는 폐뿐만 아니라 다양한 부위에서 암을 일으키는 원인이 된다. 남성은 8년, 여성은 10년 수명이 줄어든다는 데이터도 있다.

전자 담배도 일반 담배와 마찬가지

불을 사용하지 않아 연기와 냄새가 적다는 이유로 전자 담배가 유행하고 있지만, 유해물질은 기존의 일반 담배와 다르지 않다.

3장 | 체크 포인트

82 ~ 91 Page

일상생활 속 동작 활용하기
몸도 마음도 상쾌해진다.

92 ~ 97 Page

무리해서 걷지 말자!
가벼운 운동도 매일 계속하면 면역력이 올라간다.

98 ~ 103 Page

피로만 회복되는 게 아니다!
매일 목욕하는 습관으로 건강하게 스트레스를 해소하자.

104 ~ 109 Page

건강하게 장수하고 싶다면
매일 7시간 이상 수면한다.

110 ~ 121 Page

매사 긍정적으로!
긍정적인 생각이 면역력을 높인다.

부록

면역 용어 사전

대식세포

백혈구의 하나로 단핵구로 분류되는 세포. 골수에서 생긴 단핵구가 혈액으로 보내져서 조직으로 이행한 후 대식세포로 변화한다. 직경 15~20㎛로 꽤 크다. 세포 안에 소화기관이 있어 이물질을 발견하면 뭐든지 먹어 치운다. 이런 이유에서 탐식세포라고도 불린다. 체외에서 침입한 이물질뿐만 아니라 노화된 적혈구 및 기타 노폐물이 탐식 대상이 된다. 또 이들 이물질을 먹는 동시에 이물질이 침입한 것을 도움T세포(helper T cell)에 알린다. 도움T세포가 그 사실을 알면 획득면역 반응이 시작된다. 이렇게 대식세포는 이물질을 제거하는 선발대 역할을 하며 획득면역에 대한 중개 역할도 하는 매우 중요한 세포이다.

수상세포

백혈구의 하나로 단핵구로 분류되는 세포. 대식세포와 마찬가지로 골수에서 만들어진 단핵구에서 변화한다. 수상(樹狀)이라는 이름에서 알 수 있듯이 많은 돌기가 나무의 가지처럼 뻗은 모양을 하고 있다. 이물질을 발견하면 수중에서 먹지만 대식세포와 달리 치료가 목적이 아니라 이물질의 정보를 분석하기 위해 먹는다. 식욕도 대식세포만큼 왕성하지 않다. 그리고 먹은 이물질의 정보를 상세하게 도움T세포와 B세포에 전달한다. 또한 수상세포는 혈액 내뿐만 아니라 림프절이나 림프 조직, 표피 등 온몸에 분포하고 있다. 전신의 곳곳에 있는 이물질을 감시하여 발견한 즉시 먹고, 그 정보를 도움T세포와 B세포에 알리는 역할을 한다.

T세포

백혈구의 하나로 획득면역 반응의 핵심 세포. 골수에서 만들어진 세포가 흉선이라는 장기에 들어가고, 그곳에서 교육을 받고 성숙한 것이 T세포이다. 흉선(Thymus)의 첫 글자를 따서 T세포라고 이름이 붙었다. T세포는 역할이 다른 여러 세포가 존재하며 대표적인 것으로 도움T세포, 킬러T세포, 억제T세포를 들 수 있다.

도움T세포

T세포 중 사령탑 역할을 맡고 있는 세포. 대식세포와 수상세포로부터 이물질 정보를 받으면 킬러T세포와 B세포에 이물질을 공격하라고 지시한다. 동시에 대식세포와 호중구 등의 자연면역 팀을 활성화해 이물질을 포식하는 활동을 더욱 활발하게 한다. 엄밀하게는 도움T세포는 Th1과 Th2라는 두 종류의 세포가 존재하고, 킬러T세포에 이물질에 대한 공격을 명령하는 Th1과 B세포에 항체를 생산하라고 명령하는 Th2로 각각 나뉜다. 이 둘은 상반되는 관계에 있기 때문에 어느 한쪽이 활성화하면 다른

한쪽은 억제되는 구조로 되어 있다. 일반적으로 양자가 견제하며 서로 면역의 균형을 취하고 있지만, 어떤 원인으로 인해 어느 한쪽에 치우치면 역효과가 나타난다. 특히 Th2가 Th1보다 우세해지면 알레르기 증상을 일으킨다.

킬러T세포

T세포 중 이물질을 직접 공격하는 역할을 한다. 도움T세포(Th1)의 명령을 받으면 이물질을 공격하기 시작한다. 킬러T세포가 표적으로 하는 것은 병원균 자체가 아니라 주로 바이러스에 감염된 자기 세포이다. 이 세포를 아포토시스(apoptosis)라고 하는 '세포의 자살'을 유도하여 파괴한다. 마찬가지로 암세포도 공격, 파괴한다. 이렇게 킬러T세포는 어디까지나 자신의 세포를 표적으로 병원균 자체를 상대하는 B세포로 구분된다.

억제T세포

T세포 중 면역 반응에 제동을 거는 역할을 한다. 도움T세포(Th1)가 명령을 내리고 킬러T세포가 공격을 하는 흐름이 이어지면 자신의 몸을 점점 손상시키게 된다. 그래서 이물질이 제거된 것을 확인하고 종료 신호를 보내는 것이 억제T세포이다. 구체적으로는 수상세포의 활동을 멈추게 하는데, 그렇게 되면 이물질의 정보를 얻을 수 없게 된 도움T세포도 멈추는 식이다. 동시에 B세포에서 항체의 생산이 중지되어 항체 과잉 생성이 원인인 알레르기 증상을 억제하는 역할도 한다.

B세포

백혈구의 하나인 T세포와 함께 획득면역 반응의 중심을 담당하는 세포이다. 골수에서 만들어져 그대로 골수에서 성숙한 세포가 B세포가 된다. 골수(Bone marrow)의 이름에서 B세포라고 불린다. 도움T세포(Th2)의 명령에 의해 활성화되고 항체를 만들어 이물질을 공격한다. 감염된 자기 세포를 공격하는 킬러T세포와는 대조적으로, B세포가 표적으로 하는 것은 바이러스와 세균 자체이다. 대상을 인식하여 분석하고 상대에 맞는 최적의 항체를 만들어 공격한다. 또 한 번 분석한 상대방의 정보를 저장하는 기능이 있어 다시 만나면 더 빨리 항체를 생성한다. 이것을 이른바 '항체가 있다'고 말한다.

NK세포

백혈구의 림프구 중 T세포도 B세포에도 속하지 않는 세포이다. 바이러스에 감염된 세포나 암세포를 발견하면 독자적으로 움직여서 이들을 사멸시킨다. 타고난 살상 능력에서 N(Natural) K(Killer)라는 이름이 붙었다. 매일 생겨나는 암세포를 수시로 파괴해 주는 든든한 면역세포이지만, 노화와 스트레스 등으로 인해 기능이 저하되면 암세포의 증식을 초래하므로 주의해야 한다.

항원

몸에 침입한 바이러스나 세균, 감염된 세포, 알레르기 증상의 원인이 되는 꽃가루 등 면역세포가 반응하는 '적'을 총칭하는 말이다. 병원체뿐만 아니라 수혈을 받은 사람의 혈액이나 이식한 사람의 장기 등도 면역 반응을 일으키는 항원이다. 같은 혈액형을 수혈하는 것은 항원으로 인식되지 않도록 하기 위해서이다. 예를 들어 A형 사람에게 B형 혈액을 수혈하면 그것을 항원으로 인식해서 면역 반응이 일어나 신장장애와 같은 위험한 상태에 빠질 수 있다. 덧붙여서 병원체의 항원을 약독화해서 사람에게 투여할 수 있도록 한 것이 백신이다. 백신을 몸 안에 투여하면 항체가 만들어져 해당 질병에 걸리지 않거나 걸려도 중증으로 발전하기 어려운 효과를 얻을 수 있다.

항체

B세포가 병원체를 공격하기 위해 만들어내는 물질. Y자 모양을 하고 있으며 병원체에 달라붙어 무력화시키는 작용을 한다. 항체가 결합된 병원체는 대식세포와 호중구에 쉽게 잡아먹히고, 이들이 포식함으로써 병원체가 제거되는 구조이다. 항체는 병원균에 따라 특화해서 만들어지는데, 가령 홍역을 위해 항체는 홍역에만 효과가 있고, 유행성이하선염(볼거리)과 같은 다른 질병에는 듣지 않는다. 어떤 질병에 효과가 있는지는 유전자의 조합에 따라 다르고, 그 종류 또한 1조 가지 이상이라고 한다. 이렇게 생긴 항체는 혈액을 흐르다가 같은 병원체가 다시 침입해 오면 신속하게 반응한다.

HLA 항원

자신의 세포와 외부에서 들어온 세포를 구분하기 위한 '이름표' 같은 것이다. 모든 세포의 표면에 존재하고 있다. 면역 시스템이 HLA 항원을 보고 자신의 세포는 공격하지 않고 외부에서 들어온 세포만을 공격한다. 넓은 의미에서 MHC 항원이라고 하며, 인간에 한하여 HLA 항원이라고 한다. HLA 항원은 사람에 따라 달라, 같은 HLA 항원을 가진 사람은 수만 명에 한 명꼴이라고도 한다. 덧붙여서 '자신과 다른 것을 구별하는 장치'는 애매한 부분도 있는데, 예를 들면 먹어서 소화기관에 들어간 것은 '자신 외'이긴 하지만 기본적으로 면역 반응이 일어나지 않는다. 이와 같은 현상을 면역관용이라고 한다. 그러나 음식에 따라서는 알레르기 증상이 생기는 등 관용의 범위는 명확하게 알려져 있지 않다.

사이토카인

세포와 세포가 정보를 교환할 때 사용되는 물질. 예를 들어 대식세포가 이물질을 발견한 사실을 도움T세포에 전달하면 대식세포는 사이토카인을 분비하고, 사이토카인을 깨달은 도움T세포가 공격 명령을 내린다. 도움T세포가 킬러T세포에 공격을 촉구하는 것도 B세포에 항체의 생산을 호소하는 것도 모든 사이토카인의 분비에 의해 이루어진다. 이들 사이토카인은 각각 종류가 다르고 혈액에 다양한 사이토카인이 흐르는 가운데, 각 세포는 자신과 관련이 있는 사이토카인을 인식하고 활동 스위치를 켜는 구조로 되어 있다. 또한 감염 등에 의해 사이토카인이 과도하게 분비되면 염증이 일어나 혈전이 쉽게 생겨 심근경색이나 뇌경색, 다발성 장기 부전 등을 일으키는 사이토카인 폭풍 상태가 될 수도 있다.

세균, 바이러스

세균은 세포를 가진 생물인 반면 바이러스는 세포 구조를 갖지 않은 훨씬 더 작은 물질이라는 것이 큰 차이점이다. 사람에 유해한 세균으로는 대장균이나 결핵균, 바이러스는 코로나바이러스와 독감바이러스 등이 대표적이다. 바이러스는 스스로 증식할 수 없기 때문에 다른 세포에 기생하고 그 기능을 이용하여 증식하는 형태를 취한다. 바이러스에 침입한 세포가 감염세포이다. 면역세포 중에는 세균을 노리고 공격하는 것, 바이러스를 표적으로 하는 것, 바이러스에 감염된 세포를 공격하는 것 등 다양한 역할 유형이 존재한다. 그중에는 대식세포처럼 세균, 바이러스를 가리지 않고 먹어 버리는 것도 있다.

잠 못들 정도로 재미있는 이야기

면역력

2023. 1. 11. 초 판 1쇄 발행
2024. 11. 6. 초 판 2쇄 발행

지은이 | 이시하라 니나(石原新菜)
감 역 | 박주홍
옮긴이 | 김혜숙
펴낸이 | 이종춘
펴낸곳 | BM (주)도서출판 성안당
주소 | 04032 서울시 마포구 양화로 127 첨단빌딩 3층(출판기획 R&D 센터)
10881 경기도 파주시 문발로 112 파주 출판 문화도시(제작 및 물류)
전화 | 02) 3142-0036
031) 950-6300
팩스 | 031) 955-0510
등록 | 1973. 2. 1. 제406-2005-000046호
출판사 홈페이지 | www.cyber.co.kr
ISBN | 978-89-315-5818-0 (04080)
978-89-315-8889-7 (세트)
정가 | 9,800원

이 책을 만든 사람들
책임 | 최옥현
진행 | 김해영, 김지민
교정 · 교열 | 김해영, 최동진
본문 · 표지 디자인 | 이대범
홍보 | 김계향, 임진성, 김주승, 최정민
국제부 | 이선민, 조혜란
마케팅 | 구본철, 차정욱, 오영일, 나진호, 강호묵
마케팅 지원 | 장상범
제작 | 김유석